Translation and Annotation of
Jiu Jing
or the Book of Brew

中国古代科技名著译注丛书

酒经译注

[宋] 朱 肱 著

宋一明　李 艳 译注

上海古籍出版社

图书在版编目(CIP)数据

酒经译注 /(宋)朱肱撰;宋一明、李艳译注. —上海:上海古籍出版社,2010.12(2022.8重印)
(中国古代科技名著译注丛书)
ISBN 978-7-5325-5726-4

Ⅰ.酒… Ⅱ.①朱… ②宋… ③李… Ⅲ.①酒-文化-中国 ②酒经-译文 ③酒经-注释 Ⅳ.①TS971

中国版本图书馆 CIP 数据核字(2010)第197320号

本书出版得到国家古籍整理出版专项经费资助

中国古代科技名著译注丛书
韩寓群 徐传武 主编
酒经译注
[宋]朱 肱 撰
宋一明 李 艳 译注
上海古籍出版社出版发行
(上海市闵行区号景路159弄1-5号A座5F 邮政编码201101)
(1)网址:www.guji.com.cn
(2)E-mail:guji1@guji.com.cn
(3)易文网网址:www.ewen.co
江阴市机关印刷服务有限公司印刷
开本890×1240 1/32 印张3.875 插页5 字数100,000
2010年12月第1版 2022年8月第9次印刷
印数:12,501-13,550
ISBN 978-7-5325-5726-4
N·11 定价:20.00元
如有质量问题,请与承印公司联系

出版说明

中华民族有数千年的文明历史，创造了灿烂辉煌的古代文化，尤其是中国的古代科学技术素称发达，如造纸术、印刷术、火药、指南针等，为世界文明的进步，作出了巨大的贡献。英国剑桥大学凯恩斯学院院长李约瑟博士在研究世界科技史后指出， 在明代中叶以前，中国的发明和发现，远远超过同时代的欧洲；中国古代科学技术长期领先于世界各国：中国在秦汉时期编写的《周髀算经》比西方提出勾股定理的特例早五百年；东汉的张衡发明了浑天仪和地动仪，比欧洲早一千七百多年；南朝的祖冲之精确地算出圆周率是在 3.141 592 6~3.141 592 7 之间，这一成果比欧洲早一千多年……

为了让今天的读者能继承和发扬中华民族的优秀传统——勇于探索、善于创新、擅长发现和发明，在上世纪八十年代，我们抱着“普及古代科学技术知识，研究和继承科技方面的民族优秀文化，以鼓舞和提高民族自尊心与自豪感、培养爱国主义精神、增进群众文化素养，为建设社会主义的物质文明和精神文明服务”的宗旨，准备出版一套《中国古代科技名著译注丛书》。当时，特邀老出版家、科学史学者胡道静先生（1913—2003）为主编。在胡老的指导下，展开了选书和组稿等工作。

《中国古代科技名著译注丛书》得到许多优秀学者的支持，纷纷担纲撰写。出版后，也得到广大读者的欢迎，取得了良好的社会效益。但由于种种原因，此套丛书在上个世纪仅出版了五种，就不得不暂停。此后胡老故去，丛书的后继出版工作更是困难重重。为了重新启动这项工程，我社同山东大学合作，并得到了山东省人民政府的大力支持，特请韩寓群先生、徐传武先生任主编，在原来的基础上，重新选定书目，重新修订编撰体例，重新约请作者，继续把这项工程尽善尽美地完成。

在征求各方意见后，并考虑到现在读者的阅读要求与十余年前已有了明显的提高，因此，对该丛书体例作了如下修改：

一、继承和保持原体例的特点，重点放在古代科技的专有术语、名词、概念、命题的解释；在此基础上，要求作者运用现代科学的原理来解释我国古代的科技理论，尽可能达到反映学术界的现有水平，从而展示出我国古代科技的成就及在世界文明史上的地位，也实事求是地指出所存在的不足。为了达到这个新的要求，对于已出版的五种著作，此次重版也全部修订，改正了有关的注释。希望读者谅解的是，整理古代科技典籍在我国学术界还是一个较年轻、较薄弱的一门学科，中国古代科技典籍中的许多经验性的记载，若要用现代科学原理来彻底解释清楚，目前还有许多困难，只能随着学术研究的进步而逐步完成。

二、鉴于今天的读者已不满足于看今译，而要阅读原文，因此新版把译文、注释和原文排列在一起，而不像旧版那样把原文仅作为附录。

三、为了方便外国友人了解古老的中国文化，我们将书名全部采用中英文对照。

四、版面重新设计，插图在尊重原著的前提下重新制作，从而以新的面貌，让读者能愉快地阅读。

五、对原来的选目作了适当的调整，并增加了新的著作。

《中国古代科技名著译注丛书》的重新启动，得到了许多老作者的支持，特别是潘吉星先生，不仅提出修订体例、提供选题、推荐作者等建议，还慨然应允承担此套丛书的英文书名的审核。另外，本书在人力和财力上都得到了山东省人民政府和山东大学的大力支持。在此，我们向所有关心、支持这项文化工程的单位和朋友们表示衷心的感谢；同时希望热爱“中国古代科技名著译注丛书”的老读者能一如既往地支持我们的工作，也期望能得到更多的新读者的欢迎。

上海古籍出版社

二〇〇七年十一月

前　言

以糯米、粳米为主要原料，添加酒麴发酵酿成的黄酒，是我国历史最悠久的酒类。在长期的生产过程中，人们不断总结黄酒生产经验，发展黄酒生产技术，并用文字记录下工艺流程，其中最负盛名的是北宋末期出现的《酒经》。

《酒经》，又名《北山酒经》，凡三卷，朱肱撰。朱肱字翼中，号大隐翁、无求子，归安（今浙江湖州）人。生卒年不详。北宋元祐三年（1088）进士，仕至奉议郎直秘阁。其父朱临，官秘丞；其兄朱服，官中书舍人。朱肱通医术，尤其专精伤寒病症，曾潜心二十年撰写《南阳活人书》二十卷（元马端临《文献通考·经籍考》著录为十八卷），书成上于朝廷。政和四年（1114），朝廷起用辞官归隐的朱肱为医学博士，与撰有《读〈北山酒经〉》的李保成为同僚。第二年（1115），朱肱因书写苏轼诗被贬至达州（今属四川）。政和六年（1116），又以宫祠而赦归。宋方勺《泊宅编》卷七中还记载朱肱居邓州（今属河南）时为知州盛次仲治病，以及过洪州（今江西南昌）时拜访名医宋道方之事。检吴廷燮《北宋经抚年表》卷二，盛次仲于建中靖国元年（1101）知邓州。此年朱肱任知邓州录军参事，《泊宅编》的记载当属实。关于朱肱生平的史料较少，正史也无传，直到清人陆心源撰《宋史翼》，才纂辑诸书，为朱肱作了一篇传记。本书将此传纳入附录，供读者参考。

除《酒经》外，朱肱另撰有两种医书。一是上面提到的《南阳活人书》，原名《无求子伤寒百问方》，后改今名，尤袤《遂初堂书目》及《泊宅编》等俱省作《活人书》，今存。二是《内外景图》（见《遂初堂书目》），《宋史·艺文志》作《内外二景图》，已佚。

《酒经》的具体成书时间，已不可详考，只能大致推测为建中靖国元年（1101）至政和四年（1114）之间，其中尤以大观四年（1110）前后，朱肱居杭州的数年可能性最大。李保《读〈北山酒经〉》称朱肱“壮年勇退，著书酿酒，侨居西湖上而老焉”。建中靖国元年，朱肱自雄州（今河北雄县）防御推官转知邓州录军参事，之后辞官并移居杭州。《无求子伤寒百问方》有大观五年（1111）正月张蒇序，谓“今秋游武林（杭州别称），邂逅致政朱奉议，因论方士，然后知昔之所见《百问》乃奉议公所作也”，则知大观四年（1110）朱肱仍居杭州。政和四年（1114），起为医学博士时，《酒经》已经完成。李保称朱肱贬官赦归，“未至，予一夕梦翼中相过且诵诗”，“明日理书帙，得翼中《北山酒经》，法而读之”云云。朱肱尚在归途，而李保书帙中已有《酒经》，说明此书早已撰成了。清鲍廷博跋中推测《酒经》撰于贬所，依据是书中有“流离放逐”及“御魑魅”、“转荒炎”之语，但李保也曾提到书中的这些话，可知朱肱在撰写《酒经》时并无贬官的真实体验。

此外，《酒经》成书于杭州的可能性比较大。书中不仅主要记述了杭州一带的酿酒方法，所用量衡单位也依当地的习惯。如卷下《时中麹法》小注：“大斗用大秤，省斗用省秤。”所谓“大斗”、“省斗”，正是北宋末东南地区，尤其是吴兴、杭州一带民间所常用的。卷中各种制麹配方所用的草药，斤两精确，不大可能是在脱离了生产实践的条件下仅凭记忆写出的。

《酒经》共三卷。卷上作为全书的总论，主要从酒的历史、酒对人生的意义及酿酒的一般理论等几个方面作了简明的论述。书中认为酒的历史悠久且味道甘美，过量饮酒对人产生的负面影响不是酒本身的过错，而是饮酒的人没有真正理解酒中的意趣。又指出饮酒对处于困境的人生有积极作用，酒在社会生活中的意义也是无可替代的。其后，论述了酒麹对于酿酒的意义，以及对粮食转化为酒的过程的认识，还提到了不同地区、不同季节酿酒必须注意的问题。最后总结道："若夫心手之用，不传文字，固有父子一法而气味不同，一手自酿而色泽殊绝，此虽酒人亦不能自知也。"强调了酿酒时有因条件的变化而不易把握的玄妙之处，灵活的变通及细节的把握十分重要。

卷中论述制作酒麴的理论和方法。《酒经》全书共记述了15种酒麴的制作方法，卷中列13种，另有两种列在卷下。根据我国酿酒业的习惯分类法，酒麴分为用于酿造白酒（烧酒）的大麴和用于酿造黄酒的小麴两大类。黄酒酒麴以谷物为原料添加中草药制成，因而又常称为"黄酒麴药"，另一类不添加中草药的黄酒麴，也俗称"小麴"。还有以小麦为原料制成的传统麦麴也是黄酒酿造中不可缺少的。以上各种不同黄酒酒麴的制作，不外乎三种方法：罨麴法、风麴法、醭麴法。

罨麴法指将麴坯放入密闭的麴房进行培菌。这种方法起源较早，《齐民要术》中的酒麴绝大多数都用罨麴法制成。风麴法是通风悬挂麴坯进行培菌的一种方式，技术上比罨麴法稍难。工艺更为复杂、酿酒效果更佳的醭麴，则是先进行罨麴发酵，再通风成熟，与当今的传统黄酒麴药大致相同。《酒经》卷中即按照制作方法的不同，将各类酒麴进行分类论述。

《酒经》记述的制麴方法有几点值得注意：一是绝大多数的酒麴用生料制作，体现了生产技术上的进步。南北朝时期，《齐民要术》中记载的方法多是以蒸、炒、生三种原料配合制麴。现代研究表明，添加熟料制麴不仅使原料中的营养成分大大流失，而且酿出的酒有熟料的味道，酒的口感及品质会受到影响。二是制麴过程中中草药的添加。往酒麴里添加中草药大概起源于晋朝，晋嵇含《南方草木状》卷上《草麴》："南海多美酒，不用麴蘖，但杵米粉，杂以众草叶，冶葛汁滫溲之。大如卵。置蓬蒿中，荫蔽之，经月而成。用此合糯为酒。"南北朝时，只有部分酒麴添加中草药，且一般不超过四种。《酒经》记载的酒麴使用中草药的种类明显增多，这对于酒品质的提高起到较大的作用，因为中草药一方面有利于霉菌的生长与繁殖，另一方面对黄酒的风味形成也产生一定的影响。

可见宋朝时已经掌握了酒麹中添加中草药的工艺，黄酒麹药的制作技术已经相当成熟。三是优良菌种的保存技术已经成熟。如“玉友麹”，在将糯米粉与草药拌和，抟成麹饼后，“以旧麹逐个为衣”；又如“白醪麹”，将麹母末一两“与米粉、药末等拌匀”。这些将原来制作的酒麹中的优良根霉菌种传给新麹的技术，极大地提高了酒麹的质量，制出的酒麹已和现在的酒药没有太大差别。

《酒经》卷下，记载了从卧浆、淘米、煎浆、汤米、蒸醋糜、用麹、合酵、酴米、蒸甜糜、投醹、上槽、收酒到煮酒的整套酿酒工艺流程，与近现代传统黄酒酿造工艺基本相同。这一方面说明传统工艺的传承源远流长，另一方面说明黄酒酿造工艺在北宋就比较成熟了。

《酒经》中十分强调酿酒原料的选择，无论用米、用水，还是制麹、酿酒时添加草药，均是如此。甚至将原料的选择看作是酿酒最首要的事，《淘米》中称：“造酒治糯为先，须令拣择，不可有粳米。”并主张专门种植适宜酿酒的糯米，以提高生产效率。水的选择要根据不同的需要，如“瑶泉麹”：“入井花水一斗八升。”“金波麹”：“以新汲水挼取浓汁。”“杏仁麹”：“用冷熟水二斗四升。”草药的使用也有严格的要求，如辣蓼“须旱地上生者，极辣”，煮酒时的天南星丸要用官局生产的，“玉友麹”中的青蒿、桑叶“并取近上稍嫩者”。

使用酸浆是我国黄酒酿造中非常独特的工艺，虽然早在《齐民要术》中就已有用酸浆的例子，但详细记述酸浆的制作方法，并将酸浆的作用提升到非常重要、关系酿酒品质的高度，还是从《酒经》开始的。《酒经》卷下介绍了酸浆的制取方法，认为质量最好的酸浆要在农历六月三伏天时专门制造，并且取得的酸浆须经过煎煮才能使用。现代研究表明，酿酒时使用酸浆，既促进了发酵，提高了酒精浓度，又抑制了杂菌的生长繁殖，一定程度上防止了酒的酸败。同时，还能通过酸浆的调配形成黄酒的特殊风味，对酿酒品质的提升有非常明显的作用。可以说，酸浆的质量对于成品酒的品质有非常大的影响。古人早已懂得这个道理，因而书中引用古谚说："看米不如看麹，看麹不如看酒，看酒不如看浆。"

按照酿造黄酒的工艺流程，米浸透后就可上甑蒸煮。蒸饭的目的在于使米粒内富含的淀粉质糊化，以便于糖化和酒化的进行。《酒经》中有两处论述蒸饭的内容：一为"蒸醋糜"，所谓"醋糜"，因经过浸泡的米味道发酸而得名，蒸好之后的醋糜用来制作淋饭酒母。书中强调蒸醋糜时米要分三次装，当蒸气透过一层米后再装上面一层，均匀蒸透后，摊开冷却。二为"蒸甜糜"，甜糜是用来投料、酿酒的米饭，蒸法与"醋糜"稍有不同，其装米入甑需更松一些，蒸时还要不时浇以热水，使米饭烂而不糊。

蒸透的米饭之所以能够经过糖化、酒化变为发酵醪，主要是糖化菌和酵母菌的作用，宋人显然已经懂得"酵"对于酿酒的意义，并掌握了将发酵醪中的优良菌种保存下来的方法。《合酵》中记载："其法用酒瓮正发醅，撇取面上浮米糁，控干，用麹末拌，令湿匀，透风阴干，谓之干酵。"除此之外，《酒经》中还详细地记述了酒母的制作方法：蒸好的酒饭冷却后进行落缸、搭窝、开耙等操作，这与至今仍然在传统酿法黄酒生产中使用的做法基本相同。值得注意的是，在古代简陋的生产条件下，为保证发酵，尤其注意搭窝后的保温工作。书中介绍了添席围盖、热水浸泡手臂后搅拌、用小瓶灌热水投进瓮里等提高品温、促进发酵的方法。并指出当发酵过于迅猛时，需利用分瓮、开耙等手段降低品温，保证发酵的正常进行。这些传承至今的方法是制作出合格酒母的前提条件，造出的酒母可用于喂饭黄酒的生产。

所谓喂饭酒，是用将米饭分成几批投入发酵的方法酿出的黄酒，酒味更加醇厚，出酒率也比其他方法高。喂饭法起源很早，历史上有名的"九酝酒"应该就是一种喂饭酒。《酒经》卷下《投醹》篇记述了喂饭法的生产工艺。首先是确定作为底料制作酒母的米饭与用于之后添加的米饭的比例，需遵照气温的高低来决定："寒时四六酘，温凉时中停酘，热时三七酘。"当发酵开始，就可按照要求依次喂饭。如果发酵快慢不当，需根据实际情况“添入米一二斗”或者“添入麹三四斤”，从而确定酒的风味。品温的高低也是喂饭法最关键的因素之一，开耙降品温、围裹升品温等手段的灵活运用使不同气温条件下的发酵得以保证。喂饭法酿酒的难点之一在于喂饭次数及喂饭量的掌握。与现代工艺一般三次喂饭不同，古人酿酒喂饭的次数更多一些，酿造期也更长。宋人的方法是依据观察发酵醪中米粒消化的情况及酵力的强弱来决定投饭与否，“如米粒消化而沸未止，麹力大，更酘为佳”。经过多次喂饭，酵力微弱时，用泥封起瓮口，进入后发酵阶段，一段时间后，成熟的酒醪就可以压榨了。对于如何判断黄酒成熟度，《酒经》里称：“酒人看醅生熟，以手试之，若拨动有声，即是未熟；若醅面干如蜂窠眼子，拨扑有酒涌起，即是熟也。”

刚成熟的酒醪，酒液和糟混合在一起，上古时人们连酒带糟一起吃，后来才用沉淀法与过滤法将酒液与糟分离。然而上述方法都会因酒精的挥发而损失较多，直到唐宋时期，木榨床的应用才解决了问题。《酒经》卷下《上槽》讲到了这种简易器械的使用：“仍须匀装停铺，手安压板，正下砧簟。”由于缺乏流传下来的实物或图像，今日已难以了解宋代榨床的具体形制，但从其“所贵压得匀干”的效果看，酒液损耗应该相当少，可能也像后来的木榨床一样应用了杠杆原理。

压榨后的酒液经过澄清就可进行煎煮灭菌，这是黄酒酿造的最后一道工序。宋代还没有后世所用的煎酒壶，《酒经》记载的方法是将酒装瓶后放入甑中煎煮，也能取得较好的效果。煎酒的工序十分必要，一方面杀灭了生酒中的微生物，破坏了残存的酶的活力，防止酒的酸败；另一方面也能促进黄酒的老熟，凝结起溶解的蛋白质，使酒的色泽清亮，透明度好。

以上就是《酒经》的主要内容，也大致概括了黄酒酿造的主要工序。除此之外，《酒经》还用了一些篇幅介绍当时酿造的特殊酒类，其中既有加入植物的酴醾酒、菊花酒，也有加入羊肉加工成的白羊酒，还有加入地黄制成的药酒，更有加入葡萄之类制成的配制果酒。这些酒类都在黄酒的基础上稍作调整加工而成，读者可以直接阅读书中的相关部分，这里就不再详细说明了。另外还有一类《神仙酒法》，独立于三卷的内容之外，从商务印书馆排印本《说郛》的次序看，此部分可能与其后所附的《续添麹法》、《酝造酒法》仅罗列名目的属于一类，大概是朱肱采录当时其他书或其他地区的酿法编辑、加工而成的。

《酒经》现存最早的版本是南宋杭州地区刻本，也是后世各种版本的源头。明末时，宋本《酒经》已很罕见，大藏书家钱谦益收藏了一部。顺治七年（1650），钱氏藏书处“绛云楼”发生火灾，宋元旧刻损失惨重，《酒经》幸免于难，后被钱谦益赠给他的族孙，也是藏书家的钱曾。此本后又经季振宜、徐乾学、汪士钟及瞿氏铁琴铜剑楼等递藏。民国间，商务印书馆从瞿氏处借得钱氏旧藏宋本《酒经》加以影印，编入《续古逸丛书》。

现存的近十种《酒经》版本，大致可以归纳为三个系统。其一为钱曾述古堂钞本系统。这个钞本是从钱谦益旧藏的宋本钞出，钱曾《述古堂书目》服食部著录了这个钞本。钞本后来被吴翌凤得到，乾隆五十年（1785）又借给鲍廷博，据以刻入《知不足斋丛书》。民国间，商务印书馆又据鲍氏刊本排印，编入《丛书集成初编》。其二为《程氏丛刻》系统。明万历后期，程百二刊行《程氏丛刻》，所收《酒经》据焦竑藏本刊刻。清乾隆时修《四库全书》，又将程刊本作为钞写的底本。其三为《说郛》系统。元末陶宗仪编《说郛》，收入《酒经》卷上全文，而中下两卷仅列目次，宛委山堂本与商务印书馆据张宗祥钞本排印本等两种《说郛》均是如此。商务本《说郛》又多出《续添麹法》与《酝造酒法》两类目次，而宛委本《说郛》中的《酝造酒法》称《酝酒法》，列于李保《读〈北山酒经〉》后，视二者为一书，题作“《续北山酒经》”，十分荒谬。《夷门广牍》本同《说郛》本，只录卷上。

三个系统虽然是同一祖本，但差别比较大，尤其是钞本与程刊本之间。其中又以钞本系统最善，校勘态度审慎，也改正了宋本的一些错讹。宋本虽然稍有讹误，但仍最接近原貌，最适合用作整理的底本。

此次译注，以《续古逸丛书》影印宋本《酒经》为底本，以《知不足斋丛书》本、文渊阁《四库全书》本为校本。程刊本只用作参考，不作为校改依据，其原因在于程刊《酒经》的臆改处甚多，又妄添了一些注释，与原书注释相混淆，且按照明代酿酒法推测原书中记载的北宋酿法，不能理解的地方，便以为原书有误，平添了许多混乱。《四库全书》本虽然从这个本子抄出，但态度显然较明人谨慎，不但删掉了可以辨别的明人阑入注释，某些明显的妄改处也作了订正，校勘价值比程刊本高。至于《说郛》系统的本子，因只录字数最少的卷上，且各本卷上的差异本来不多，也就未取作校本，只将商务排印张宗祥钞本的《续添麹法》与《酝造酒法》作为附录附在书后。

校勘工作的原则已写在凡例中。

本书卷上、卷中由宋一明负责，卷下、“神仙酒法”及附录由李艳负责。译注工作得到徐传武师的鼓励与指导，卢和先生提出一些修改意见。

译注的不当处还请读者给予批评指正。

译注者

2010年5月

凡　例

一、底本讹谬，于原文中径行校改，并在注释中注明校改依据，不再单独列出校勘记。

二、底本的改动必出校。

三、校本与底本的差异，只胪列重要的异文，以避繁琐。

四、底本中的注释，原以双行小字列于正文之中，今改为单行小字，以与正文相区别。此部分在译文中亦作小字，以示区别。

五、注释重在解释专名与专业术语，兼及少量繁难字词。生僻字予以标注现代汉语拼音。

六、为帮助理解原文，翻译为白话时尽量以达意为目的，不尽拘泥于原文字句。

目　录

卷上

酒之作，尚矣。仪狄[1]作酒醪[2]，杜康秫酒[3]，岂以善酿得名？盖抑始于此耶。

酒味甘、辛，大热，有毒。虽可忘忧，然能作疾，所谓腐肠烂胃，溃髓蒸筋。而刘词《养生论》[4]：酒所以醉人者，麹蘖[5]之气故尔。麹蘖气消，皆化为水。昔先王[6]诰庶邦庶士“无彝酒”，又曰“祀兹酒”，言天之命民作酒，惟祀而已。六彝[7]有舟[8]，所以戒其覆；六尊[9]有罍[10]，所以戒其淫。陶侃[11]剧饮，亦自制其限。后世以酒为浆[12]，不醉反耻，岂知百药之长，黄帝[13]所以治疾耶！

【注释】

〔1〕仪狄：传说中夏禹时代司掌造酒的官员，相传也是酒的发明者。《吕氏春秋·勿躬》：“仪狄作酒。”《战国策·魏策二》：“昔者，帝女令仪狄作酒而美，进之禹，禹饮而甘之，遂疏仪狄，绝旨酒，曰：后世必有以酒亡其国者。”但清人王念孙《读书杂志》认为“令”字系衍文，仪狄是帝女的名字，可备一说。

〔2〕酒醪（láo）：一种带糟的酒，汁渣混合，又称浊酒。

〔3〕杜康秫（shú）酒：杜康，传说中酿酒的始祖之一。《说文解字·酉部》：“杜康作秫酒。”《初学记》卷二十六、《太平御览》卷八四三引《世本》：“少康作秫酒。”《说文解字·巾部》：“少康，杜康也。”也有说法认为是仪狄发明酒之后，杜康在其基础上做了改进。《陶靖节先生诗》卷三《述酒》汤汉注引旧注：“仪狄造，杜康润色之。”秫，黏高粱，多用来酿酒。《说文解字·禾部》：“秫，稷之黏者。”清程瑶田《九谷考》：“黏者为秫，北方谓之高粱，或谓之红粱，通谓之秫。”

〔4〕刘词《养生论》：宋《崇文总目》著录刘词《混俗颐生录》两卷，《宋史·艺文志》著录为一卷，撰者题“处士刘词”。《养生论》或为《混俗颐

生录》之别名。

〔5〕麴（qū）糵（niè）：酒麴，酿酒用的发酵剂。原指发霉发芽的谷物。

〔6〕先王：先代的帝王。下文“无彝酒”和“祀兹酒”出自《尚书·酒诰》，是西周时周公命康叔在其封地卫国宣布戒酒的告诫之辞。

〔7〕六彝：指六种刻画不同的彝。《周礼·春官·小宗伯》：“辨六彝之名物，以待果将。”郑玄注：“六彝：鸡彝、鸟彝、斝彝、黄彝、虎彝、蜼彝。”彝，古代的盛酒礼器。

〔8〕舟：用在彝下的托盘。《周礼·春官·司尊彝》：“祼用鸡彝、鸟彝，皆有舟。”郑玄注引郑司农曰：“若今时承盘。”

〔9〕六尊：六种形制不同的尊。《周礼·春官·小宗伯》：“辨六尊之名物，以待祭祀宾客。”郑玄注引郑司农曰：“六尊：献尊、象尊、壶尊、著尊、大尊、山尊。”尊，古代的盛酒礼器。鼓腹侈口，高圈足，形制较多，常见的为圆形及方形。

〔10〕罍（léi）：古代祭祀用的酒器。外形或圆或方，小口，广肩，深腹，圈足，有盖和鼻，与壶相似。形制比尊大。《周礼·春官·司尊彝》“皆有罍”郑玄注引郑司农曰：“罍，神之所饮也。”

〔11〕陶侃（259—334）：字士行，晋朝名将，官至大司马。本为鄱阳（今江西鄱阳）人，西晋灭吴后徙家庐江浔阳（今江西九江）。东晋诗人陶渊明的曾祖父。传见《晋书》卷六十六。《世说新语·贤媛》刘孝标注引《陶侃别传》：“侃在武昌，与佐吏从容饮燕，常有饮限。或劝犹可少进，侃凄然良久曰：‘昔年少，曾有酒失，二亲见约，故不敢逾限。’”

〔12〕浆：古代一种带有酸味的酿制饮料。《周礼·天官·酒正》：“辨四饮之物：一曰清，二曰醫，三曰浆，四曰酏。”郑玄注：“浆，今之截浆也。”孙诒让正义：“案：截、浆同物，累言之则曰截浆。盖亦酿糟为之，但味微酢耳。”

〔13〕黄帝：传说中上古的帝王，中华民族的始祖之一，事见《史记·五帝本纪》。托名于黄帝的《黄帝内经》，是我国现存最早的医学文献，论述了用酒治病的方法。

【译文】

酿酒的起源很早。仪狄酿造浊酒，杜康酿造秫酒，他们难道是因善于酿酒而闻名的吗？大概是因为酿酒法的发明最早始于他们吧。

酒的味道甘、辛，性大热，有毒。虽然饮酒可以让人忘掉忧愁，但也能够让人罹患疾病，即所谓腐烂肠胃，溃精髓，毁筋骨。刘词在《养生论》中说酒之所以能够醉人，是麴糵之气造成的。麴糵之气消解后，酒就全部化成了水。从前先王曾告诫各诸侯国的士说："不要经常饮酒。"又说："只有祭祀的时候才用酒。"这是说上天指示百姓酿酒，只是用来祭祀而已。六彝有"舟"，是为了防止其倾覆；六尊有"罍"，是为了防止饮酒无度。陶侃饮酒很多，但仍自己规定了限度。后世的人把酒当作"浆"来饮用，不喝醉反而感到羞耻，哪里知道酒作为百药之长，是黄帝用来治病的呢！

大率晋人嗜酒。孔群〔1〕作书族人："今年秫得七百斛，不了麹糵事。"王忱〔2〕"三日不饮酒，觉形神不复相亲"。至于刘〔3〕、殷〔4〕、嵇〔5〕、阮〔6〕之徒，尤不可一日无此。要之，酣放自肆，托于麹糵以逃世网，未必真得酒中趣尔。古之所谓得全于酒者，正不如此。是知狂药〔7〕自有妙理，岂特浇其礧磈〔8〕者耶！五斗先生〔9〕弃官而归，耕于东皋之野，浪游醉乡，没身不返，以谓结绳之政已薄矣，虽黄帝华胥之游〔10〕，殆未有以过之。繇此观之，酒之境界，岂餔歠〔11〕者所能与知哉！儒学之士如韩愈〔12〕者，犹不足以知此，反悲醉乡之徒为不遇〔13〕。

【注释】

〔1〕孔群（生卒年不详）：《世说新语·方正》刘孝标注引《会稽后贤记》曰："群字敬休，会稽山阴人。祖竺，吴豫章太守。父弈，全椒令。群有智局，仕至御史中丞。"《世说新语·任诞》："鸿胪卿孔群好饮酒。王丞相语云：'卿何为恒饮酒？不见酒家覆瓿布，日月糜烂？'群曰：'不尔，不见糟肉，乃更堪久。'群尝书与亲旧：'今年田得七百斛秫米，不了麹糵事。'"

〔2〕王忱（?—392）：字元达，小字佛大，东晋晋阳（今山西太原）人。仕至荆州刺史。性嗜酒，卒于饮酒。事见《世说新语·德行》刘孝标注引《晋安帝纪》。《世说新语·任诞》："王佛大叹言：'三日不饮酒，觉形神不复相亲。'"

〔3〕刘：指刘伶（生卒年不详）。伶字伯伦，沛国（今江苏沛县）人。三国时曹魏著名文士，"竹林七贤"之一。著有《酒德颂》。传见《晋书》卷四十九。《世说新语·任诞》："刘伶病酒，渴甚，从妇求酒。妇捐酒毁器，涕泣谏曰：'君饮太过，非摄生之道，必宜断之！'伶曰：'甚善。我不能自禁，唯当祝鬼神，自誓断之耳！便可具酒肉。'妇曰：'敬闻命。'供酒肉于神前，请伶祝誓。伶跪而祝曰：'天生刘伶，以酒为名，一饮一斛，五斗解酲。妇人之言，慎不

可听。’便引酒进肉，隗然已醉矣。”“刘伶恒纵酒放达，或脱衣裸形在屋中。人见讥之。伶曰：‘我以天地为栋宇，屋室为裈衣。诸君何为入我裈中？’”

〔4〕殷：指殷融（生卒年不详）。《世说新语·文学》刘孝标注引《晋中兴书》曰：“殷融字洪远，陈郡人。……为司徒左西属。饮酒善舞，终日啸咏，未尝以世务自婴。累迁吏部尚书、太常卿，卒。”

〔5〕嵇：指嵇康（223—262）。康字叔夜，谯国铚（今安徽宿州西）人。三国时曹魏著名文士，“竹林七贤”之一。有《养生论》、《声无哀乐论》、《与山巨源绝交书》等。传见《三国志·魏志·王粲传》裴松之注及《晋书》卷四十九。《世说新语·排调》曾记载“嵇、阮、山、刘在竹林酣饮”，但嵇康在竹林诸贤中是最不善于大量饮酒的。其《酒赋》今仅存残句。

〔6〕阮：指阮籍（210—263）。籍字嗣宗，陈留尉氏（今河南尉氏）人。三国时曹魏著名文士，“竹林七贤”之一，曾任步兵校尉，又称“阮步兵”。有《咏怀诗》、《达庄论》、《大人先生传》等。传见《三国志·魏志·王粲传》裴松之注及《晋书》卷四十九。《三国志·魏志·王粲传》裴松之注引《魏氏春秋》：“籍以世多故，禄仕而已，闻步兵校尉缺，厨多美酒，营人善酿酒，求为校尉，遂纵酒昏酣，遗落世事。”《世说新语·任诞》：“阮公邻家妇有美色，当垆酤酒。阮与王安丰常从妇饮酒，阮醉，便眠其妇侧。夫始殊疑之，伺察，终无他意。”

〔7〕狂药：酒的别称。

〔8〕礧磈（lěi kuǐ）：原意高低不平貌，此指心中块垒或不平之气。

〔9〕五斗先生：即王绩（585—644），字无功，号东皋子，绛州龙门（今山西河津）人。隋大业中，曾任扬州六合县丞，后弃官还归乡里。性嗜酒，其《五斗先生传》称：“有五斗先生者，以酒德游于人间。有以酒请者，无贵贱皆往，往必醉，醉则不择地斯寝矣，醒则复起饮也。常一饮五斗，因以为号焉。”传见《旧唐书》卷一九二《隐逸传》、《新唐书》卷一九六《隐逸传》。

〔10〕华胥之游：典出《列子·黄帝》。黄帝“昼寝而梦，游于华胥氏之国”，“其国无帅长，自然而已；其民无嗜欲，自然而已”。后指一种理想中的安乐和平之境。

〔11〕餔（bū）歠（chuò）：也作“餔啜”，吃喝之意。

〔12〕韩愈（768—824）：字退之，河阳（今河南孟县）人。唐代文学家，“唐宋八大家”之一，有《昌黎先生集》。传见《旧唐书》卷一一〇，《新唐书》卷一〇一。

〔13〕反悲醉乡之徒为不遇：韩愈《赠郑兵曹》：“尊酒相逢十载前，君为壮夫我少年。尊酒相逢十载后，我为壮夫君白首。我材与世不相当，戢鳞委翅无复望。当今贤俊皆周行，君何为乎亦遑遑？杯行到君莫停手，破除万事无过酒。”抒发了怀才不遇时以酒浇愁的愤懑之情。

【译文】

大概晋朝人最喜欢饮酒。孔群给族人写信称："今年才收了七百斛的秫，还不够用来酿酒。"王忱说："三天不饮酒，就觉得肉体和精神都开始分离了。"至于刘伶、殷融、嵇康、阮籍这些人，更是不能一天不饮酒。但他们主要是纵酒畅饮，放浪形骸，借酒逃避现实的束缚，未必真能体会到酒中的意趣。古时候所说的得到酒的全部意趣的人，恰恰不是这样的。要明白酒自有其玄妙处，岂是只用来发泄胸中不平之气的？五斗先生王绩弃官回乡，耕作于东皋之野，沉醉于美酒之中，至死不悔，且认为已经接近结绳而治的清明时代，即使是黄帝梦中的华胥国，也几乎不能超越醉酒后达到的境界。由此看来，饮酒的境界岂是那些只知道大吃大喝的俗人所能懂得的？就连像韩愈这样的儒学之士，尚且不懂得这个道理，反而悲叹沉湎于酒的人都是怀才不遇。

大哉，酒之于世也。礼天地，事鬼神；射乡〔1〕之饮，《鹿鸣》〔2〕之歌，宾主百拜，左右秩秩；上至缙绅〔3〕，下逮闾里〔4〕，诗人墨客，渔夫樵妇，无一可以缺此。投闲自放，攘襟露腹，便然酣卧于江湖之上，扶头解酲〔5〕，忽然而醒。虽道术之士，炼阳消阴，饥肠如筋，而熟谷之液，亦不能去。唯胡人禅律〔6〕以此为戒。嗜者至于濡首〔7〕败性，失理伤生，往往屏爵弃卮，焚罍折榼〔8〕，终身不复知其味者。酒复何过邪？平居无事，汙罇〔9〕斗酒，发狂荡之思，助江山之兴，亦未足以知麹糵之力、稻米之功。至于流离放逐，秋声〔10〕暮雨，朝登糟丘〔11〕，暮游麹封〔12〕，御魑魅〔13〕于烟岚，转炎荒〔14〕为净土，酒之功力，其近于道耶！与酒游者，死生惊惧交于前而不知，其视穷泰违顺，特戏事尔。彼饥饿其身，焦劳其思，牛衣〔15〕发儿女之感，泽畔有可怜之色〔16〕，又乌足以议此哉！鸱夷丈人〔17〕以酒为名，含垢受侮，与世浮沉；而彼骚人〔18〕，高自标持，分别黑白，且不足以全身远害，犹以为惟我独醒。

【注释】

〔1〕射乡：古代的乡射礼和乡饮酒礼。乡射是射箭饮酒的礼仪，其制有二：一为州长在春秋两季以礼会民，射于州之学校；二为乡大夫三年大比贡士之后，乡大夫、乡老与乡人行射礼。射礼前都要先行乡饮酒礼。乡饮酒礼指古代乡学三年业成大比，向诸侯推荐德艺兼备的贤者，临行之时，由乡大夫设宴以宾礼相待。参见《仪礼·乡饮酒礼》。

〔2〕《鹿鸣》：《诗经·小雅》的一篇，是反映周代国君宴会宾客与群臣的诗。

〔3〕缙绅：原意为插笏板于腰带，是古代士大夫的装束，后成为士大夫的代称。缙，同"搢"，插。绅，束腰的大带。

〔4〕闾里：乡里，泛指民间。古代以五家为比，五比为闾。

〔5〕扶头解酲（chéng）：扶头，酒醉醒后又饮少量淡酒以解醒。解酲，解酒。酲，因饮酒多而神志不清。

〔6〕胡人禅律：胡人，我国古代对于北方及西域各民族的称呼，汉代以后也用以泛指外国人。禅律，佛教戒律。

〔7〕濡首：语出《易·未济》："上九，有孚于饮酒，无咎。濡其首，有孚失是。象曰：'饮酒濡首，亦不知节也。'"后以"濡首"谓沉湎于酒而有失本性常态之意。濡，浸渍，沾湿。

〔8〕屏爵弃卮（zhī），焚罍折榼（kē）：丢弃、焚毁酒器。爵，古代盛酒器，两柱，三足；也作为爵、觚、觯、角、散等酒具的总称。卮，古代酒器，有四升的容量。榼，古时的一种盛酒器。

〔9〕汙罇（wāzūn）：即凿地以代酒器之意。《礼记·礼运》："汙尊而抔饮。"郑玄注："汙尊，凿地为尊也；抔饮，手掬之也。"汙，掘地。罇，同"樽"、"尊"，古代酒器。

〔10〕秋声：秋天自然界的各种声音，多含萧索之味。

〔11〕糟丘：酿酒所剩的糟滓堆积成山，形容沉湎于酒。

〔12〕麴封：用于酿酒的酒麴积攒成堆。《列子·杨朱》："聚酒千钟，积麴成封。"

〔13〕魑魅：传说中的山神鬼怪。《左传》文公十八年："投诸四夷，以御魑魅。"杜预注："魑魅，山林异气所生，为人害者。"

〔14〕炎荒：南方偏远之地。

〔15〕牛衣：原为草、麻之类编织成的披盖物，供牛御寒之用。《汉书·王章传》记载王章年轻时穷困，"章疾病，无被，卧牛衣中，与妻决，涕泣"，遭其妻训斥。

〔16〕泽畔有可怜之色：《史记·屈原贾谊列传》记载屈原被谗放逐，"屈原至于江滨，被发行吟泽畔。颜色憔悴，形容枯槁"。

〔17〕鸱夷丈人：指春秋时期越国大夫范蠡（生卒年不详）。范蠡归隐后，自称“鸱夷子皮”。事见《史记·越王勾践世家》与《货殖列传》。《史记·越王勾践世家》司马贞《索隐》引韦昭曰：“鸱夷，革囊也，或曰生牛皮也。”

〔18〕骚人：屈原作《离骚》，因称他及其他楚辞作者为骚人，后世也用来称呼诗人、文人。《史记·屈原贾生列传》记载屈原被放逐后，遇到一渔父问他何故至此，屈原曰：“举世混浊而我独清，众人皆醉而我独醒，是以见放。”渔父曰：“……众人皆醉，何不餔其糟而啜其醨，何故怀瑾握瑜，而自令见放为？”

【译文】

酒对于尘世的意义太大了！礼祀天地，敬事鬼神；乡射乡饮的礼仪，群臣宴会的欢歌，宾主之间多次行礼，肃穆恭敬；上至达官贵人，下至平民百姓，从诗人墨客，到渔夫樵妇，谁都不能离开酒。饮酒之后，闲适自在，袒胸露腹，安然酣睡于江湖之上，又稍饮淡酒以解醉，之后忽然酒醒。即使是修习道术之人，修炼阴阳之术，耐得住饥肠之苦，但对于熟谷酿成的酒，仍难以拒绝。只有胡人的佛教戒律是禁止饮酒的。有些嗜酒者因过量饮酒而导致败坏品性，失去理智，伤害生命，往往由此就摒绝、毁弃酒具，且终身不再饮酒。酒本身又有什么过错呢？平常无事时，随意而豪饮，引发狂放的思绪，有助游览江河山岳的兴致，尚不足以称得上是懂得饮酒的意趣。至于遭遇流离放逐之时，面对秋声暮雨，日夜沉醉于酒中，在烟岚雾霭中驾驭魑魅，将荒蛮偏远之地想像成极乐世界，这时酒的力量差不多接近“道”了吧？真正懂酒之人，即使面临生死的威胁也不畏惧，所谓穷达顺逆，在他看来都不过是儿戏一般。那些食不果腹、愁思烦扰，稍处穷困就感泣生之艰辛，一遭放逐就面露可怜之色的人，又如何有资格谈论酒的意义呢？鸱夷丈人以酒自号，能够忍辱负重，与世事相沉浮；而屈原等人，孤高自得，虽能明辨是非，却不能保全自身、远离伤害，还以为只有自己是清醒的。

善乎，酒之移人也。惨舒阴阳，平治险阻，刚愎者薰然而慈仁，懦弱〔1〕者感慨而激烈。陵轹王公〔2〕，给玩妻妾〔3〕，滑稽〔4〕不穷，斟酌自如，识量之高，风味之嫩〔5〕，足以还浇薄而发猥琐。岂特此哉？“夙夜在公”《有駜》〔6〕，“岂乐饮酒”《鱼藻》[7]，“酌以大斗”《行苇》[8]，“不醉无归”《湛露》[9]。君臣相遇，播于声诗[10]，亦未足以语太平之盛。至于黎民休息，日用饮食，祝、史无求[11]，神具醉止[12]，斯可谓至德之世矣。然则伯伦之颂德[13]，乐天之论功[14]，盖未必有以形容之。夫其道深远，非冥搜不足以发其义；其术精微，非三昧[15]不足以善其事。

【注释】

〔1〕濡弱：柔弱，懦弱。

〔2〕陵轹（lì）王公：蔑视王公贵戚。《史记·魏其武安侯列传》记载“灌夫为人刚直使酒，不好面腴。贵戚诸有势在己之右，不欲加礼，必陵之”，因醉酒怒骂武安侯田蚡而被劾“凌轹宗室，侵犯骨肉”，族诛。陵轹，同“凌轹”，蔑视，欺压。

〔3〕绐（dài）玩妻妾：或指刘伶戏妻之事，参见第3页注释〔3〕。绐玩，哄骗，玩弄。

〔4〕滑稽（gǔ jī）：此处兼有圆转顺俗的态度与酒具两种含义。《太平御览》卷七六一引崔浩《汉记音义》曰：“滑稽，酒器也。转注吐酒，终日不已，若今之鐩樽。”扬雄《酒箴》：“鸱夷滑稽，腹大如壶。尽日盛酒，人复借酤。”

〔5〕媺（měi）：同“美”。

〔6〕《有駜（bì）》：《诗经·鲁颂》的一篇，描写贵族勉行公事与宴饮之乐。

〔7〕《鱼藻》：《诗经·小雅》的一篇，诗中主要赞美周天子建都镐京后生活的安乐。

〔8〕《行苇》：《诗经·大雅》的一篇，描写贵族之间宴会、较射的生活。

〔9〕《湛露》：《诗经·小雅》的一篇，是描写周天子宴请诸侯的诗。

〔10〕声诗：能配合音乐演唱的诗。

〔11〕祝、史无求：《左传》昭公二十年：“其家事无猜，其祝、史不祈。”杜预注：“家无猜疑之事，故祝、史无求于鬼神。”祝，掌祭祀之官。史，掌祭祀、卜筮、记事之官。

〔12〕神具醉止：《诗经·小雅·楚茨》：“神具醉止，皇尸载起。”具，通“俱”。“止”，语尾助词。

〔13〕伯伦之颂德：刘伶字伯伦，有《酒德颂》，借酒为喻，表现玄学的理想境界及企慕的人格。

〔14〕乐天之论功：白居易（772—846）字乐天，唐代诗人。有《酒功赞》，颂扬酒的美好。据序称，此赞是继刘伶的《酒德颂》而作的。

〔15〕三昧：原为佛教用语，后借指事物的奥秘、诀窍。

【译文】

酒能使人作有益的改变。使之在阴阳变化中调节情绪，在艰难险阻中平衡心态，使刚愎自用的人变得温和仁慈，懦弱胆小的人变得慷慨激昂。饮酒后，敢于藐视权贵，挑逗妻妾，滑稽不断，怡然斟酌，其识见度量之高，风姿品味之美，都足以扭转浮薄的世风，排遣庸俗的思想。酒的用途难道只有这一点吗？"日夜都在办公的处所"《诗经·有駜》，"快乐地饮酒"《诗经·鱼藻》，"饮用大斗的酒"《诗经·行苇》，"不喝醉不离开筵席"《诗经·湛露》。这些声诗将君臣以礼相待、开怀畅饮的情形表现了出来，但仍不能描摹太平之世的盛况。到了百姓休养生息，日常饮食无忧，祝史无求于神，神灵都已喝醉，则可以说是至德的时代了。即使像刘伶那样颂扬酒德，像白居易那样赞论酒功，大概也形容不了酒的意义。酒的内涵非常深奥玄远，若非深入探求，不足以阐发其意义；酒的工艺十分精巧细微，若非掌握奥妙，就不足以酿到尽善尽美。

昔唐逸人〔1〕追述焦革〔2〕酒法，立祠配享〔3〕，又采自古以来善酒者以为谱〔4〕。虽其书脱略卑陋，闻者垂涎，酣适之士，口诵而心醉。非酒之董狐〔5〕，其孰能为之哉？昔人有齐中酒〔6〕、厅事酒〔7〕、猥酒〔8〕，虽匀以麴糵为之，而有圣有贤，清浊不同。《周官》〔9〕："酒正〔10〕：以式法授酒材"，"辨五齐〔11〕之名"、"三酒之物〔12〕"，"岁终〔13〕，以酒式诛赏〔14〕"。《月令》〔15〕："乃命大酋，音缩。大酋，酒之官长也。秫稻必齐，麴糵必时，湛饎〔16〕必洁，水泉必香，陶器必良，火齐必得。"六者尽善，更得醯浆〔17〕，则酒人之事过半矣。《周官》："浆人：掌共王之六饮：水、浆、醴〔18〕、凉〔19〕、醫〔20〕、酏〔21〕，入于酒府。"而浆最为先。古语〔22〕有之："空桑秽饭〔23〕，酝以稷麦，以成醇醪，酒之始也。"《说文》〔24〕："酒白谓之醙〔25〕。"醙者，坏饭也。醙者，老也。饭老即坏，饭不坏则酒不甜。又曰："乌梅女䴵〔26〕胡板切〔27〕，甜醹〔28〕九投，澄清百品，酒之终也。"

【注释】

〔1〕唐逸人：此指前文提到的王绩。逸人，同“逸民”，指避世隐居的人。

〔2〕焦革：唐贞观初曾任太乐署史，其家善于酿酒。

〔3〕立祠配享：《唐文粹》卷九三吕才《东皋子集序》称王绩隐居的“河渚东南隅有连沙磐石，地颇显敞”，王绩“于其侧遂为杜康立庙，岁时致祭，以焦革配焉”。

〔4〕“又采”句：吕才《东皋子集序》称王绩“采杜康、仪狄以来善为酒人，为《酒谱》一卷”。

〔5〕酒之董狐：吕才《东皋子集序》：“太史令李淳风见而悦之，曰：‘王君可谓酒家之南、董。’”董狐，春秋时晋国的史官，以直笔不讳而著称，后代也作为良史的代称。事见《左传》宣公二年。

〔6〕齐中酒：古代官府酿造的优质酒。《晋书·刘弘传》：“酒室中云齐中酒、听事酒、猥酒，同用麴米，而优劣三品。投醪当与三军同其薄厚，自今不得分别。”底本作“斋中酒”，据《晋书·刘弘传》改。

〔7〕厅事酒：古代官府酿造的中档酒。厅事，也作“听事”。

〔8〕猥酒：古代官府酿造的劣质酒，供地位低下的人饮用。桂馥《札朴》卷九《酘酒》条：“猥酒，谓凡猥所饮。”猥，鄙陋，卑劣。《酒经》下篇有专门条目记述“猥酒”的酿造方法，可能较晋朝的方法有所改进、发展。

〔9〕《周官》：《周礼》，记载的据说是周时的典章制度，一说是汉朝人的假托。含《天官》、《地官》、《春官》、《夏官》、《秋官》、《冬官》六篇，其中《冬官》汉时已佚，补以《考工记》。有汉郑玄注、唐贾公彦疏。

〔10〕酒正：《周礼》中的职官名，掌管与酒相关的政令。

〔11〕五齐（jì）：指泛齐、醴齐、盎齐、缇齐、沉齐等五种用来祭祀的、尚未滤掉酒糟的浊酒。

〔12〕三酒之物：《周礼·天官·酒正》：“辨三酒之物：一曰事酒，二曰昔酒，三曰清酒。”郑玄注引郑司农云：“事酒，有事而饮也；昔酒，无事而饮也；清酒，祭祀之酒。”

〔13〕岁终：底本作“岁中”，据《知不足斋丛书》本及《周礼注疏》改。

〔14〕以酒式诛赏：《周礼·天官·酒正》：“以酒式诛赏。”郑玄注：“诛赏作酒之善恶者。”孔颖达疏：“诛赏者，作酒有旧法式，依法善者则赏之，恶者则诛责之。”

〔15〕《月令》：《礼记》中的一篇，主要记述农历十二个月的时令及相关礼制。内容多与《吕氏春秋·十二纪》、《淮南子·时则训》相同，大约是汉人集合两书中的内容编成。

〔16〕湛饎（chì）：也作“湛炽”，酿酒前浸渍麴、米，蒸熟酒饭的程

序。《礼记·月令》:“湛炽必洁。”郑玄注:“湛,渍也;炽,炊也。”

〔17〕醯(xī)浆:酸浆。醯,醋。

〔18〕醴:一种酿造一晚就能成熟的带糟甜酒。《说文》:“醴,酒一宿孰也。”《周礼·天官·酒正》“二曰醴齐”郑玄注:“醴,犹體也,成而汁滓相将,如今恬酒矣。”《吕氏春秋》高诱注称醴的酿造不用酒麹,只用蘖与黍。

〔19〕凉:一种用水加上其他原料做成的冰镇饮料,因添加原料的不同而有不同口味。《周礼·天官·浆人》“浆人掌共王之六饮:水、浆、醴、凉、醫、酏,入于酒府”郑玄注:“凉,今寒粥若糗饭杂水也。”

〔20〕醫:粥加入麹蘖酿成的甜味饮料。《周礼·天官·酒正》“二曰醫”贾公彦疏:“谓酿粥为醴则为醫。”

〔21〕酏(yí):稀粥。《说文·酉部》引贾侍中说:“酏为鬻清。”《周礼·天官·酒正》“四曰酏”郑玄注:“酏,今之粥。《内则》有黍酏。酏,饮粥稀者之清也。”

〔22〕古语:见《初学记》卷二十六引《酒经》。此书与朱肱的《酒经》不是一书,可能是王绩所撰。

〔23〕空桑秽饭:传说酒是古人偶然将吃剩的米饭丢弃到空桑中而发明的。《北堂书钞》卷一四八引晋江统《酒诰》:“酒之所兴,肇自上皇。五帝不过,上溯三王。或云仪狄,一曰杜康。历代悠远,经载弥长。虽曰贤圣,亦咸斯尝。有饭不尽,委馀空桑。郁积生味,久蓄气芳。本出于此,不由奇方。”空桑,空心的桑树。

〔24〕《说文》:我国现存最早字书《说文解字》的简称,东汉许慎撰。分五百四十部,收9353个字。有清段玉裁《说文解字注》、朱骏声《说文通训定声》等注本。

〔25〕酒白谓之醙(sōu):此句不见于今本《说文》,清郑珍以为是《说文》逸字。醙,一种颜色发白的酒。《仪礼·聘礼》:“醙黍清皆两壶。”郑玄注:“醙,白酒也。”

〔26〕乌梅女䴷(hún):乌梅,经过烟熏而变得干黑的梅子干,可以入药,也可用来腌渍咸菜。女䴷,也称“女麹”、“黄子”,一种用糯米做成的麹饼。

〔27〕胡板切:即用“胡”字的声和“板”字的韵、调拼读出“䴷”字的读音,这是我国古代的一种注音方法,称为反切法。反切上字取声,反切下字取韵和调,拼读出所注的字音。因为古今的语音已有变化,有些反切并不能切出今天的读音。

〔28〕醹(rú):原意是多次投饭酿造而味道醇厚的酒,此指准备投进的饭。

【译文】

从前唐代隐士王绩追述焦革的酿酒法，为杜康建祠立祀而以焦革附祭配享，又采辑自古以来善于酿酒的人的事迹及其酿酒方法编成谱录。尽管此书脱漏严重，记载粗略，但听说的人们仍然很想一睹为快。爱酒之人，只要诵之于口，就已陶醉于心。如果不是真正掌握酒的历史的良史之才，谁能写出来这样的作品？古时人们酿齐中酒、厅事酒、猥酒，尽管都是用麹糵酿制的，但有品质高低之分，有清酒、浊酒之别。《周官》中称“酒正的职责，是按照造酒的法式供给酿酒的材料”，“辨别五齐的名称”，“辨别三酒的名称”，“年终根据酿酒是否合乎法式来给予奖罚”。《礼记·月令》中说：“命令大酋，酋读为缩，大酋，是掌管酿酒的官员。秫米和稻米必须齐备，麹糵必须掌握好发酵时间，浸米、炊蒸的过程必须保持清洁，所用泉水必须香甜，盛酒陶器必须质地精良，酿制火候必须把握得当。”这六个方面都做好，再利用好酸浆，酒人酿酒之事就做好一多半了。《周官》中说：“浆人掌管供应天子的六种饮料：水、浆、醴、凉、醫、酏。把这六种饮料造好以后送往酒正府中。”其中首要的是浆。古语说：“空桑里发馊的剩饭，加入稷、麦后一起酝酿、发酵后，变为醇厚的酒醪，这是酿酒的开始。”《说文解字》说：“酒色白称为酸。”酸即变质发馊的饭，酸还有老的意思，饭放置的时间长，就会发馊，饭不发馊，酿出的酒味就不甘甜。古语又说：“用乌梅女䴷，投过多次饭，将各种醪液都澄清之后，酒就酿好了。”

麹之于黍，犹铅之于汞[1]，阴阳相制，变化自然。《春秋纬》[2]曰：“麦，阴也。黍，阳也。”先渍麹而投黍，是阳得阴而沸。后世麹有用药者，所以治疾也。麹用豆亦佳。神农氏[3]赤小豆饮汁愈酒病，酒有热，得豆为良，但硬薄少蕴藉耳。古者“醴酒在室，醍酒在堂，澄酒在下”[4]，而酒以醇厚为上。饮家须察黍性陈新，天气冷暖。春夏及黍性新软，则先汤平声而后米，酒人谓之倒汤去声；秋冬及黍性陈硬，则先米而后汤，酒人谓之正汤。酝酿须酴米[5]偷[6]酸，《说文》：“酴，酒母也。”酴音途。投醹[7]偷甜。浙[8]人不善偷酸，所以酒熟入灰[9]；北人不善偷甜，所以饮多令人膈上懊憹[10]。桓公[11]所谓青州从事、平原督邮[12]者，此也。

【注释】

〔1〕犹铅之于汞：道教炼外丹黄白术多采用铅、汞两种金属，并且有一套关系不同药物间相互配合、转化的理论，这些理论又以阴阳五行学说为基础。

〔2〕《春秋纬》：有关《春秋》的纬书，含《元命苞》、《演孔图》、《文耀钩》、《运斗枢》、《感精符》等篇，有魏宋均注。纬书是汉人附会儒家经书，以经义附会人事吉凶兴废的书，今皆已亡佚。有辑本见于《玉函山房辑佚书》、《七纬》、《汉学堂丛书》等。

〔3〕神农氏：传说中上古“三皇”之一的炎帝，与黄帝同为华夏民族的始祖。相传炎帝创制了耒耜，教人稼穑，故又称神农氏。《淮南子·修务训》：“于是神农乃始教民播种五谷，相土地宜，燥湿肥垸高下，尝百草之滋味，水泉之甘苦，令民知所辟就。当此之时，一日而遇七十毒。”我国现存最早的药学专著《神农本草经》也托名神农。

〔4〕醴酒在室，醍（tí）酒在堂，澄酒在下：出自《礼记·坊记》，孔颖达正义：“醴齐、醍齐、澄酒，味薄者在上，味厚者在下，贵薄贱厚，示民不贪淫于味也。”醴酒，一种甜酒；醍酒，一种浅红色的清酒；澄酒，一种淡酒。

〔5〕酴米：详见卷下《酴米》。

〔6〕偷：取。《齐民要术·法酒》：“若欲取者，但言‘偷酒’，勿云取酒。”

〔7〕投醹：详见卷下《投醹》。

〔8〕淛：同“浙”。

〔9〕酒熟入灰：在酒成熟后、压榨前加入石灰，是浙江一带酿酒的传统工艺。宋庄绰《鸡肋编》卷上：“二浙造酒，皆用石灰云，无之则不清。”添加石灰可以降低酒液的酸度，使酒清凉澄澈，并且对酒的风味形成也有一定作用。

〔10〕懊憹（náo）：烦闷。

〔11〕桓公：指桓温（312—373），字元子，谯国龙亢（今安徽蒙城东）人。东晋大司马，曾三次北伐。传见《晋书》卷九十八。

〔12〕青州从事、平原督邮：指优劣不同的两类酒。典出《世说新语·术解》：“桓公有主簿善别酒，有酒辄令先尝。好者谓‘青州从事’，恶者谓‘平原督邮’。青州有齐郡，平原有鬲县。‘从事’言到‘脐’，‘督邮’言在‘鬲上住’。”

【译文】

酒麹对于黍的意义，犹如铅对于汞的作用。两者相互平衡制约，自然而然发生变化。《春秋纬》中说：“麦，是阴性的；黍，是阳性的。”先浸泡酒麴再投入黍，是阳得到阴的滋润而发酵冒泡。后世在酒麴中加入药材，是为了用来治病。酒麴用豆子作原料也不错，神农氏发现饮用赤小豆汁可以解酒，酒性热，加入豆子可以起到均衡的作用，只是酿出的酒味硬而薄，缺少醇厚悠长的回味。古时，醴酒放在内室，醍酒放在前堂，澄酒放在堂前的阶下，而酒的品质以味道醇厚为上品。饮酒的人还要注意酿造所用黍米的新陈程度，体察天气的冷暖变化。春夏两季及黍性新软时，先倒水后放米，酿酒的人称之为“倒汤”；秋冬两季及黍性陈硬时，则先放米后倒水，酿酒的人称之为“正汤”。酿酒必须在制酒母时取酸，《说文解字》：“酴，是酒母。”酴的读音为途。在投饭制醪时取甜。浙江人不善于取酸，所以酒成熟以后加入石灰；北方人不善于取甜，所以饮多后胸口会不舒服。桓公所说的“青州从事、平原督邮”，指的就是这种情况。

酒甘易酿，味辛难酝。《释名》〔1〕：“酒者，酉也。”酉者，阴中〔2〕也。酉用事而为收也，用而为散，散者，辛也。〔3〕酒之名以甘辛为义。金木间隔，以土为媒，自酸之甘，自甘之辛，而酒成焉。酴米所以要酸，投醹所以要甜。所谓以土之甘，合水作酸；以木之酸，合土作辛，然后知投者所以作辛也〔4〕。《说文》：“投者，再酿也。”〔5〕张华〔6〕有九酝酒〔7〕。《齐民要术》〔8〕：桑落酒〔9〕有六七投者。酒以投多为善，要在麴力相及。醽酒所以有韵者，亦以其再投故也。过度亦多术，尤忌见日，若太阳出，即酒多不中。后魏〔10〕贾思勰〔11〕亦以夜半蒸炊，昧旦〔12〕下酿，所谓以阴制阳，其义如此。

【注释】

〔1〕《释名》：一部以音同或音近的字解释意义，并推究事物命名本原的训诂书，共二十八篇。东汉刘熙撰。也有说法认为撰著始于刘珍，完成于刘熙。清毕沅有《释名疏证》。《释名·释饮食》：“酒，酉也，酿之米麴酉泽，久而味美也。亦言踧也，能否皆强相踧待饮之也。又入口咽之皆踧其面也。”

〔2〕阴中：《汉书·律历志》：“秋为阴中。”

〔3〕此句《知不足斋丛书》本作：“酉用事而为收，收者，甘也；卯用事

而为散，散者，辛也。”

〔4〕这是用中国传统的阴阳五行学说来解释酒的酿造过程。五行（木、火、土、金、水）与中医的五味（酸、苦、甘、辛、咸）相互配伍，古人用五行间的相互制化关系来解释五味间的相互制化，进而阐释酒味甘辛的原因。

〔5〕此句不见于今本《说文》。

〔6〕张华（232—300）：字茂先，西晋诗人，范阳方城（今河北固安南）人，有《博物志》等。传见《晋书》卷三十六。

〔7〕九酝酒：经过多次投饭酿成的味道醇厚的酒。汉末曹操曾献上“九酝春酒”法，称“三日一酿，满九斛米止”（《文选·南都赋》李善注引《魏武集·上九酝酒奏》）。据说，西晋张华酿造的九酝酒饮用之后会令人肝肠消烂。见晋王嘉《拾遗记》卷九及《太平御览》卷四九七引《世说》。

〔8〕《齐民要术》：我国现存最早、最完整的农学著作，北魏贾思勰撰，共九十二篇，分为十卷。此书论述了农作物生产、经济作物栽培、家畜家禽饲养、酿造、食品加工等方面的技法，总结了公元6世纪之前黄河中下游地区的生产经验。有今人石声汉《齐民要术今释》、缪启愉《齐民要术校释》。

〔9〕桑落酒：秋末冬初桑叶落，桑落酒是这个时节开始酿造的一种酒。《齐民要术·笨麹并酒》“笨麹桑落酒法”称，桑落酒要在农历九月九日日出前开始浸麹、蒸饭，以后多次投饭酿制而成。

〔10〕后魏：指鲜卑拓跋氏建立的北魏（386—543），因与三国时曹氏所建魏相区别，历史上也别称后魏、元魏，后分裂为东魏和西魏。

〔11〕贾思勰（生卒年不详）：北魏时期的农学家，齐郡益都（今山东寿光南）人，曾任高阳太守，撰有《齐民要术》。

〔12〕昧旦：清晨天还未完全亮时。

【译文】

酒的甘甜之味容易酿出，而辛辣之味则较难酿制。《释名》称，酒就是酉的意思。酉，指秋天。秋季做事为“收”，“收”又用为“散”，散就是“辛”。酒的名称以甘、辛为主要意义。五行中金、木之间有间隔，以土为媒介，则由酸变甘，由甘变辛，于是酒就酿成了。因而酴米时要用酸糜，投醹时要用甜糜。懂得所谓用土之甘，与水结合变为酸；用木之酸，与土结合变为辛，然后就会明白投饭是为了酿出酒的辛味来了。《说文解字》称投就是再次酿造的意思。张华曾酿造过投饭九次的酒。《齐民要术》：桑落酒有投饭六七次的。

酒以再投饭的次数多为好，关键在于酒麹的作用要能够接续。醿酒之所以韵味悠长，也是因为反复多次投饭酿造的缘故。但多次酿造也讲求一些方法，尤其忌讳见到日光。如果太阳出来才开始酿造，酒的品质大多不佳。后魏贾思勰也主张半夜里蒸饭，天没亮时开始酿造。所谓用阴来制衡阳，大概就是这个意思。

著水无多少，拌和黍麦，以匀为度。张籍[1]诗："酿酒爱干和。"即今人不入定酒[2]也，晋人谓之干榨酒。大抵用水随其汤去声黍之大小斟酌之。若投多，水宽亦不妨。要之，米力胜于麹，麹力胜于水，即善矣。

【注释】

〔1〕张籍（766—约830）：字文昌，和州乌江（今安徽和县北）人，唐朝诗人，有《张司业集》。"酿酒爱干和"句出自《和左司元郎中秋居十首》，《全唐诗》卷三八四作"酿酒爱朝和"。干和酒，宋伯仁《酒小史》有"汾州干和酒"，见宛委山堂本《说郛》卷九十四。

〔2〕不入定酒：宋窦苹《酒谱》称"酿酒爱干和"即是"今人不入水酒也，并、汾间以为贵品，名之曰干酢酒"。

【译文】

水的用量没有特定的标准，拌和黍麦时，要以均匀为标准。张籍诗里说的"酿酒爱干和"，就是今天人们说的"不入定酒"，晋朝人称之为"干榨酒"。一般用水的多少要根据其浸泡的黍的多少而定。如果投饭的次数多，水多一点也不妨事。关键在于米的效力要胜过酒麹，酒麹的效力要胜过水，这样才比较好。

北人不用酵，只用刷案水，谓之信水[1]。然信水非酵也，酒人以此体候冷暖尔。凡酝不用酵即酒难发，醅[2]来迟则脚不正，只用正发，酒醅最良。不然，则掉取醅面[3]，绞令稍干，和以麹蘖，挂于衡茅[4]，谓之干酵。用酵四时不同，寒即多用，温即减之。酒人冬月用酵紧，用麹少。夏月用麹多，用酵缓。天气极热，置瓮于深屋；冬月温室，多用毡毯围绕之。《语林》[5]云"抱瓮冬醪"，言冬月酿酒，令人抱瓮，速成而味好。

大抵冬月盖覆，即阳气在内，而酒不冻；夏月闭藏，即阴气在内，而酒不动。非深得卯酉出入〔6〕之义，孰能知此哉！

於戏！酒之梗概，曲尽于此。若夫心手之用，不传文字，固有父子一法而气味不同，一手自酿而色泽殊绝，此虽酒人亦不能自知也。

【注释】

〔1〕信水：原是对立春后黄河水流的称呼，因相传黄河的水位变化是有时节性的，立春后的水流大小可以验证夏秋水位的高低。此借指用来体察品温高低的刷案水。

〔2〕醅（pēi）：正在发酵的酒醪，也指已经酿成的带糟的酒。

〔3〕醅面：酒醪表面的结面。

〔4〕衡茅：衡门茅屋，指简陋的房屋。

〔5〕《语林》：东晋裴启撰，《隋书·经籍志》著录为十卷。《世说新语·轻诋》刘孝标注引《续晋阳秋》："晋隆和中，河东裴启撰汉、魏以来迄于今时，言语应对之可称者，谓之《语林》。时人多好其事，文遂流行。"南朝梁陈间亡佚。有辑本数种，以马国翰《玉函山房辑佚书》及鲁迅《古小说钩沉》为善。

〔6〕卯酉出入：古人认为十二地支中的卯代表东方，酉代表西方，两者间存在相克相生的关系。

【译文】

北方人酿酒不使用酵母，只用刷洗案板的水，称之为"信水"。但是信水并不是酵母，酿酒的人只是用它来体察品温的高低而已。凡是酿酒时不用酵母，则酒难以发酵，醅出现得晚了则脚饭也发得不正。只有发酵的时机刚好，醅的质量才最好。否则，就要挑取醅面，拧绞使之稍干，再拌入酒麹，挂在茅屋里晾干，称为"干酵"。用酵的方法，一年四季有所不同，天气寒冷时多用些，温暖时减量使用。酿酒的人冬天用酵量多，用麹量较少；夏天则用麹量多，用酵少些。天气非常热的时候，把酒瓮放在阴深的房屋里；冬天则要放在暖和的房屋里，并且多用毡毯包裹起来。《语林》中说的"抱瓮冬醪"，即是指冬天酿酒，让人把酒瓮抱在怀里以提高温度，不仅酿制得很快，并且味道很好。大概是由于冬天的时候，把酒瓮盖好裹严，可以使阳气聚在瓮内而酒不会被冻坏；夏天的时候，将酒瓮密闭收藏，可以使阴气凝在瓮内而酒不会变质。如果不是非常了解卯酉生克的道理，哪里能懂得这些呢？

啊！酒的大致情况，基本就是这些了。酿酒中还有些凭感觉和实践把握，却不能付诸文字的精妙之处，因而才会有父子同用一种方法酿出的酒味道不同、同一个人在不同时候酿出的酒色泽差别很大的情况，这是连酿酒的人自己也不能了解的。

卷中

顿递祠祭麹、香泉麹、香桂麹、杏仁麹，已上罨麹[1]。

瑶泉麹、金波麹、滑台麹、豆花麹，已上风麹[2]。

玉友麹、白醪麹[3]、小酒麹[4]、真一麹、莲子麹[5]，已上醁麹[6]。

【注释】

〔1〕罨（yǎn）麹：用罨麹法制成的酒麹，即将麹料制成麹坯之后，放入密闭的麹房里发酵而成的酒麹。

〔2〕风麹：用风麹法制成的酒麹，即将麹料制成麹坯之后，放在通风处或挂起发酵而成的酒麹。

〔3〕底本“白醪麹”前衍“醁酒麹”三字，据后文及《知不足斋丛书》本删。

〔4〕底本脱“小酒麹”三字，据后文及《知不足斋丛书》本补。

〔5〕底本脱“莲子麹”三字，据后文及《知不足斋丛书》本补。

〔6〕醁（bào）麹：用醁麹法制成的酒麹，即先将麹坯用罨麹法发酵，然后通风成熟而成。

【译文】

顿递祠祭麹、香泉麹、香桂麹、杏仁麹，以上所列举的酒麹都属于罨麹。

瑶泉麹、金波麹、滑台麹、豆花麹，以上所列举的酒麹都属于风麹。

玉友麹、白醪麹、小酒麹、真一麹、莲子麹，以上所列举的酒麹都属于醁麹。

总 论

凡法麹[1]于六月三伏[2]中踏造。先造峭汁[3]。每瓮用甜水[4]三石[5]五斗[6]，苍耳[7]一百斤[8]，蛇麻[9]、辣蓼[10]各二十斤，剉[11]碎、烂捣入瓮内。同[12]煎五七日，天阴至十日。用盆盖覆，每日用杷子[13]搅两次，滤去滓，以和面。此法本为造麹多处设，要之，不若取自然汁为佳。若只造三五百斤面，取上三物烂捣，入井花水[14]，裂取自然汁，则酒味辛辣。内法酒库[15]杏仁麹，止是用杏仁研取汁，即酒味醇甜。麹用香药，大抵辛香发散而已。每片可重一斤四两，干时可得一斤，直须实踏，若虚则不中。造麹水多则糖心[16]，水脉不匀，则心内青黑色；伤热则心红，伤冷则发不透而体重。惟是体轻，心内黄白或上面有花衣[17]，乃是好麹。自踏造日为始，约一月馀，日出场子，且于当风处井栏垛起。更候十馀日，打开心内无湿处，方于日中曝干，候冷乃收之。收麹要高燥处，不得近地气及阴润屋舍。盛贮仍防虫鼠秽污。四十九日后方可用。

【注释】

〔1〕法麹：用以酿造法酒的酒麹。法酒，按官府法定规格酿造的酒。底本脱“凡法麹”三字，据《知不足斋丛书》本、《四库》本补。

〔2〕三伏：初伏、中伏、末伏的统称。根据我国古代“干支纪日法”确定，以夏至后第三个庚日为初伏第一天，第四个庚日是中伏第一天，立秋后第一个庚日是末伏第一天，初伏、末伏各十天，中伏十天或二十天。三伏天一般是一年中天气最热的时期，气温高，有利于酒麹的发酵。

〔3〕峭汁：制作大量酒麹时预先煎制的溲麹用水。

〔4〕甜水：指可溶性盐类含量较低的井水。井水以成分不同，可分为甜

水、咸水和苦水。

〔5〕石（dàn）：古容量单位。一石为两斛，一斛为五斗，一斗为十升，一升为十合。宋时一石约合今天的67升。

〔6〕斗：古容量单位。宋时一斗约合今天的6.7升。

〔7〕苍耳：菊科植物苍耳 *Xanthium sibiricum part.ex Widd.* 的全草。味苦辛，性寒，有毒。

〔8〕斤：古重量单位。宋时一石为一百二十斤，一斤为十六两，一两为十钱，一钱为十分。宋时一斤约合今天的640克，一两约合今天的40克。

〔9〕蛇麻：亦称香蛇麻、蛇麻草、啤酒花，是桑科植物啤酒花 *Humulus lupulus L.* 的雌花序，多年生草本蔓性植物，味苦，性微凉，无毒。今仍为酿造啤酒不可缺少的原料。

〔10〕辣蓼（liǎo）：*Polygonum flaccidum Meissn.*，一年生蓼科草本植物，全草皆可入药，多生于近水草地、阴湿处。味辛，性温。

〔11〕剉（cuò）：用锉子切、剁。

〔12〕同：底本作“日”，据《知不足斋丛书》本改。

〔13〕杷子：一种酿酒搅拌工具，杷身木制，竹片作齿，有竹制长柄。用来搅拌发酵醪，也用于制麹时翻搅麹料。

〔14〕井花水：亦作“井华水”，或省作“井华”、“井花”，指清晨第一次汲取的井水。《重修政和证类本草》卷五：“井华水：味甘平，无毒……其功极广，此水井中平旦第一汲者。”明李时珍《本草纲目·水部二·井泉水》引汪颖曰：“井水新汲，疗病利人。平旦第一汲，为井华水，其功极广，又与诸水不同。”

〔15〕法酒库：宋官署名，属光禄寺，专门供给皇帝御用、祭祀、给赐用酒。《宋会要辑稿》“食货五二之一”：“法酒库：在内酒坊。专掌造供御及祠祭、常供三等之法酒，以飨祀、晏赐之用。以京朝官诸司使副内侍三人监，别以内侍二人监门。匠十四人，兵校百一十人。”《宋史·职官志》：“法酒库：掌以式法授酒材，视其厚薄之齐，而谨其出纳之政。若造酒以待供进及祭祀、给赐，则法酒库掌之；凡祭祀，供五齐三酒，以实尊罍。”

〔16〕糖心：指麹坯内部呈不完全凝结的糊状。糖，通“溏”。

〔17〕花衣：麹坯表面的杂色麹菌。

【译文】

法酒的酒麹一般是在农历六月的三伏天进行踏踩制造。首先制作峭汁。每个陶瓮中放入甜水三石五斗，再将一百斤苍耳、二十斤蛇麻、二十斤辣蓼切碎、捣烂放进瓮里。一起煎煮五到七天，若阴天则要煎煮十天。用盆将陶瓮盖起来，每天用杷子翻搅两次，最后再过滤掉渣滓，以用来和面。这种方法是大量制造酒麴时使用的，总之，不如用天然汁液的效果好。如果只是造三五百斤面的酒麴，就将上面所说的三种药材捣烂，加入井华水，浸取其天然汁液，这样酿出的酒味道会比较辛辣。专门供给皇室用酒的法酒库制造的杏仁酒麴，只用杏仁研磨出汁液来制作，酿出的酒味道就较为醇厚甘甜。在酒麴中加入香料，大概只是为了酿出的酒能够散发出一种辛香的气味而已。每块酒麴大约有一斤四两重，干燥后约有一斤。但必须踏踩坚实，虚而不实则不合格。制作酒麴时如果水太多，则内部容易成糊状；干湿不匀，则麴坯内就会呈青黑色；水温过高，麴坯内就会出现红心；水温过低，麴坯就会因发酵不彻底而体重沉滞。只有重量轻的、麴心呈黄白色或麴上有杂色麴菌的，才是优质酒麴。从开始踏踩制作的时候算起，大约一个多月的时间，每日将麴坯搬到场子里，并且在通风的地方像井栏一样交叉摆放。再等十多天，掰开麴坯，如果内部没有潮湿的地方，才放在阳光下曝晒干燥，晾凉后再收藏起来。收藏酒麴要在位置较高、较干燥的地方，不能接近地气和阴冷潮湿的房屋。贮藏时仍要防止虫子、老鼠的破坏和污秽东西的污染。存放四十九天以后，酒麴才能够使用。

顿递祠祭麹

小麦一石，磨白面六十斤，分作两栲栳[1]，使道人头[2]、蛇麻花[3]水共七升，拌和似麦饭，入下项药：

白朮[4]二两半　川芎[5]一两　白附子[6]半两　瓜蒂[7]一字[8]　木香[9]一钱半

已上药捣罗为细末，匀在六十斤面内。

道人头十六斤　蛇麻八斤，一名辣母藤

已上草拣择、剉碎、烂捣，用大盆盛新汲水浸，搅拌似蓝淀[10]水浓为度，只收一斗四升，将前面拌和令匀。

右件[11]药、面拌时，须干湿得所，不可贪水。握得聚，扑得散，是其诀也。便用粗筛隔过，所贵不作块。按令实，用厚复盖之，令暖三四时辰[12]，水脉匀，或经宿夜气留润亦佳，方入模子，用布包裹实踏。仍预治净室无风处，安排下场子。先用板隔地气，下铺麦䴬[13]约一尺，浮上铺箔[14]，箔上铺麹，看远近用草人子为桼[15]音至，上用麦䴬盖之；又铺箔，箔上又铺麹，依前铺麦䴬。四面用麦䴬劄实风道，上面更以黄蒿稀压定。须一日两次觑步体当[16]发得紧慢，伤热则心红，伤冷则体重。若发得热，周遭麦䴬微湿，则减去上面盖者麦䴬，并取去四面劄[17]塞，令透风气约三两时辰，或半日许，依前盖覆；若发得太热，即再盖，减麦䴬令薄。如冷不发，即添麦䴬，厚盖催趁之。约发及十馀日已来，将麹侧起，两两相对，再如前罨[18]之。蘸瓦日足，然后出草。去声。立曰蘸，侧曰瓦。

【注释】

〔1〕栲栳（kǎo lǎo）：用柳条编成的盛物器具。

〔2〕道人头：苍耳的别名。《本草纲目·草部·枲耳》称，“枲耳，亦名苍耳、卷耳、地葵……”又引苏颂《本草图经》曰：“俗呼为道人头。”详见“苍耳”条。

〔3〕蛇麻花：即蛇麻，参见“蛇麻”条。

〔4〕白术（zhú）：菊科植物白术 *Atractylodes macrocephala Koidz* 的干燥根茎。性温，味苦甘，无毒。

〔5〕川芎（xiōng）：为伞形科植物川芎 *Ligusticum chuanxiong Hort.* 的干燥根茎，有特异清香气，味辛，性温。

〔6〕白附子：又称“禹白附”、“牛奶白附”、“鸡心白附”，为天南星科植物独角莲 *Typhonium giganteum Engl.* 的干燥块茎，性温，味辛甘，有毒。

〔7〕瓜蒂：为葫芦科植物甜瓜 *cucumis melo L.* 的果蒂。味苦，气寒，有毒。

〔8〕字：中医药方的称量单位。一字为一钱的四分之一。

〔9〕木香：菊科植物云木香、越南木香、川木香等的根。味辛苦，性温。

〔10〕蓝淀：又名蓝靛，为十字花科植物菘蓝 *Isatis tinctoriaL.*、草大青 *Isatis indigotica Fort.*、豆科植物木蓝 *indigofera tinctoria L.*、爵床科植物马蓝 *Baphicacathus cusia (Nees) Brem.* 或蓼科植物蓼蓝 *Polygonum tinctorium Ait.* 等叶所制成的染料。亦即制造青黛时的沉淀物。味辛苦，性寒，无毒。

〔11〕右件：古人书写方式为自上而下，自右而左，右件即前面、以上之意。

〔12〕时辰：旧时计时单位。把一昼夜分为十二段，每段为一个时辰，合现在的两小时。十二个时辰用地支做名称，从半夜十一点算起。

〔13〕麦䅌（juān）：即麦秸，用以覆盖、隔开酒麹。䅌，同“稍”，《说文》：“稍，麦茎也。”

〔14〕箔：用芦苇或秫秸编成的席子。

〔15〕栔（qì）：同“契”。本谓占卜时以刀凿刻龟甲，后泛指刻物。

〔16〕觑步体当：探查了解。

〔17〕劄（zhā）：扎。

〔18〕罨：覆盖。

【译文】

用一石小麦，磨成六十斤白面，分别装在两个栲栳中，加入七升道人头、蛇麻花水，拌和得像麦饭一样，再加入下面几种药材：

白术二两半　川芎一两　白附子半两　瓜蒂一字　木香一钱半

将以上这些药材捣碎，并用罗筛成细末，均匀地拌在六十斤面里。

道人头十六斤　蛇麻一名辣母藤，八斤

以上这两种药材经过挑选择拣后，切碎、捣烂，放入大盆中刚刚打上来的水里浸泡，搅拌到像蓝淀水一样浓稠时为止。只取用一斗四升，与前面备好的面拌和在一起，并使之均匀。

以上列举的药材、面拌和时，必须干湿适当，不能贪图水多。能捏得拢，能散得开，是其要诀。接下来用粗眼的筛子筛过，最好是没有硬块。按压实在后，厚厚地覆盖上，暖上三四个时辰，等到麹坯干湿均匀后——有时放置一夜，经夜露滋润的也很好——才放入模子，并用布包裹后用力踏踩。仍要预先准备干净无风的麹房，将踏踩好的麹坯摆放到麹房里发酵。先铺设木板以隔断地气，再铺上约一尺多厚的麦秸，麦秸上再铺一层箔，箔上铺放麹坯，看距离远近用草秆作刻度，上面用麦秸覆盖；再铺上一层箔，箔上再铺放麹坯，然后依照前面的方法再铺上麦秸。四周用麦秸将可能透风的地方塞扎严实，最上面再用干燥的黄蒿压牢。此后，要一天两次观察麹坯发酵的程度，温度过高，麹坯就会出现红心；温度过低，麹坯就会沉滞体重。如果发得较热，麹坯周围的麦秸稍微有些潮湿，就去掉上面覆盖的麦秸，并拿掉四周捆扎填塞的麦秸，使之通风透气大约两三个时辰，或者半天左右，再依照原来的样子覆盖好；如果发得太热，就再去掉一些盖着的麦秸，使之变薄。如果因温度过低而不发酵，就增加麦秸，厚厚地覆盖催促它发酵。大约发酵到十多天以后，将麹坯侧着竖起，两两相对，再像之前一样覆盖好。立放、侧放的时间足够了，才能将麹坯取出。读去声，立着放称为“蘸”，侧着放称为“瓦”。

香泉麹

白面一百斤，分作三分，共使下项药：

川芎七两　白附子半两　白朮三两半　瓜蒂二钱

已上药共捣罗为末，用马尾罗[1]筛过。亦分作三分，与前项面一处拌和，令匀，每一分用井水八升。其踏罨与顿递祠祭法同。

【注释】

〔1〕马尾罗：用细竹丝织成的细眼罗。

【译文】

用一百斤白面，分作三份，再放入下列药材：

川芎七两　白附子半两　白朮三两　半瓜蒂二钱

以上这些药材一起捣碎罗筛成末，并用更细的马尾罗筛一遍。把这些细药末也分成三份，与先前备好的面一起拌和均匀。然后在每一份面中加入八升井水继续拌和。其踏踩、覆盖制麹的方法与"顿递祠祭麹"的做法相同。

香桂麴

每面一百斤，分作五处。

木香一两　官桂〔1〕一两　防风〔2〕一两　道人头一两　白朮一两　杏仁一两，去皮尖细研

右件为末，将药亦分作五处，拌入面中。次用苍耳二十斤，蛇麻一十五斤，择净剉碎，入石臼捣烂，入新汲井花水二斗，一处揉如蓝〔3〕相似，取汁二斗四升。每一分使汁四升七合，竹簕落〔4〕内一处拌和。其踏罨与顿递祠祭法同。

【注释】

〔1〕官桂：上等的肉桂。又称牡桂、菌桂、筒桂等，是樟科植物肉桂 *Cinnamomum cassia Presl* 的干皮及枝皮。气芳香，味甜辛。明李时珍《本草纲目·木部·桂》引苏颂曰："牡桂皮薄色黄少脂肉者，则今之官桂也。"李时珍称："曰官桂者，乃上等供官之桂也。"

〔2〕防风：为伞形植物防风 *Saposhnikovia divaricata (Turez.) Sehischk.* 干燥的根。味辛甘，性温。

〔3〕蓝：即蓝靛，参见"蓝靛"条。

〔4〕竹簕落：即竹簸箩，用柳条或竹篾编织成的箩筐。

【译文】

每一百斤面，均分成五份。

木香一两　官桂一两　防风一两　道人头一两　白朮一两　杏仁一两，去掉皮、尖后研磨成细末

以上这些药材都研磨成细末，也分成五份，并均匀地拌和到面里。再将二十斤苍耳、十五斤蛇麻择拣干净、剁碎，放入石臼中捣烂，然后加入刚刚汲取的井华水二斗，一起搅拌到像蓝靛水一样，

取出汁液二斗四升。在先前备好的每份面里各加入四升七合汁液，放在竹簸箩里一起拌和。其踏踩、覆盖制麴的方法与“顿递祠祭麴”的做法相同。

杏仁麹

每面一百斤，使杏仁十二两。去皮、尖，汤浸，于砂盆[1]内研烂，如乳酪[2]相似。用冷熟水二斗四升，浸杏仁为汁，分作五处拌面。其踏罨与[3]顿递祠祭法同。

已上罨麹。

【注释】

〔1〕砂盆：用陶土和沙烧制成的盆，不易与酸、碱起化学反应，多适合于做菜或煎药。

〔2〕乳酪：牛奶、羊奶经过浓缩、发酵而制成的半凝固的食品。

〔3〕与：底本作“同”，据《知不足斋丛书》本改。

【译文】

每一百斤面，用十二两杏仁。将杏仁去掉皮、尖，用热水浸泡，然后放在砂盆里研磨成乳酪一样的糊状。再用凉开水二斗四升，把杏仁浸泡成汁，分成五份与面拌和在一起。其踏踩、覆盖制麹的方法与“顿递祠祭麹”的做法相同。

以上是罨麹的制作方法。

瑶泉麹

白面[1]六十斤上甑[2]蒸　糯米粉四十斤一斗米粉秤得六斤半

已上粉、面先拌令匀，次入下项药：

白术一两　防风半两　白附子半两　官桂二两　瓜蒂一分　槟榔[3]半两　胡椒[4]一两　桂花[5]半两　丁香[6]半两　人参[7]一两　天南星[8]半两　茯苓[9]一两　香白芷[10]一两　川芎一两　肉豆蔻[11]一两

右件药并为细末，与粉、面拌和讫。再入杏仁三斤，去皮、尖，磨细，入井花水一斗八升，调匀，旋洒于前项粉、面内，拌匀。复用粗筛隔过，实踏，用桑叶裹盛于纸袋中，用绳系定，即时挂起，不得积下。仍单行悬之二七日，去桑叶，只是纸袋，两月可收。

【注释】

〔1〕面：底本作"麹"，据《知不足斋丛书》本改。

〔2〕甑（zèng）：酿酒时用于蒸米饭的木制蒸具，现在称为蒸桶或蒸笼。

〔3〕槟榔：棕榈科植物槟榔 *Areca catechu L.* 的种子。性温，味苦辛。

〔4〕胡椒：胡椒科植物胡椒 *Piper nigrum L.* 的干燥近成熟或成熟果实。作为药材有两种：当果穗基部的果实开始变红时，剪下果穗，晒干或烘干，取下果实，因呈黑褐色，称为"黑胡椒"或"黑川"；若在全部果实均变红时采收，经水浸数日后，擦去外果皮，晒干，因表面呈灰白色，称为"白胡椒"或"白川"。性热，味辛。

〔5〕桂花：木犀科植物木犀 *Osmanthus fragrans Lour.* 的花。性温，味辛。

〔6〕丁香：桃金娘科植物丁香 *Syzygium aromaticum (L.) Merr. et Perry* 的花蕾。性温，味辛。

〔7〕人参：五加科植物人参 *Panax ginseng C. A. Mey* 的干燥根。性温，味甘，微苦。

〔8〕天南星：天南星科植物天南星 *Arisaema consanguineum Schott.* 的块茎。性温，味苦辛，有毒。

〔9〕茯苓：多孔菌科真菌茯苓 *Poria cocos (Schw.) Wolf* 的干燥菌核。性平，味甘淡。古人常将茯苓粉掺入麴米中酿造药酒。

〔10〕香白芷：宋人常将伞形科植物白芷的干燥根别称为"香白芷"。白芷有川白芷、杭白芷、兴安白芷等种类，此处应指杭白芷 *Angelica formosana Boiss.* 的干燥根。性温，味苦辛，气芳香。

〔11〕肉豆蔻：肉豆蔻科植物肉豆蔻 *Myristica fragrans Houtt.* 的种子。气芳香而浓烈，性温，味苦辛。

【译文】

白面六十斤放进甑里蒸熟　糯米粉四十斤 一斗米粉可以称到六斤半的重量

以上的粉与面先拌和均匀，再加进下列药：

白朮一两　防风半两　白附子半两　官桂二两　瓜蒂一分　槟榔半两　胡椒一两　桂花半两　丁香半两　人参一两　天南星半两　茯苓一两　香白芷一两　川芎一两　肉豆蔻一两

以上各种药都研磨成细末，与粉、面拌和好。再取杏仁三斤，去掉皮、尖并研磨成细末，加入一斗八升井华水调匀后，绕着圈洒到之前拌过的粉、面中，拌和均匀。再用粗眼罗筛筛过，踏踩成坚实麴坯，之后用桑叶包裹好装盛在纸袋中，用绳子系牢，及时悬挂起来，不要积压。单独悬挂十四天后，去掉桑叶，只用纸袋装盛悬挂，两个月后就可收取。

金波麹

木香三两 川芎六两 白朮九两 白附子半斤 官桂七两 防风二两 黑附子〔1〕二两，炮去皮 瓜蒂半两

右件药，都捣罗为末。每料〔2〕用糯米粉、白面共三百斤，使上件药拌和，令匀。更用杏仁二斤，去皮、尖，入砂盆内烂研，滤去滓。然后用水蓼〔3〕一斤，道人头半斤，蛇麻一斤，同捣烂，以新汲水五斗揉取浓汁。和搜入盆内，以手拌匀，于净席上堆放。如法盖覆一宿，次日早辰，用模踏造，唯实为妙。踏成用榖叶〔4〕裹，盛在纸袋中，挂阁透风处，半月去榖叶，只置于纸袋中，两月方可用。

【注释】

〔1〕黑附子：又称“黑顺片”，是毛茛科植物乌头 *Aconitum carmichaeli Debx.* 的子根的加工品。其加工方法是取中等大小的泥附子，洗净后，浸入盐卤水溶液中数日，连同浸液煮至透心，捞出，水漂，纵切成厚约 0.5 厘米的片，再用稀盐卤水浸漂，用调色液使附片染成浓茶色，取出，蒸熟后，烘至半干，再晒干或继续烘干而成。性热，味辛甘，有毒。

〔2〕料：中医配制药丸时，一份规定剂量的处方为一料。

〔3〕水蓼：蓼科植物水蓼 *Polygonum hydropiper L.* 的全草。性平，味辛。酿酒时常借助于其辛味。《本草衍义》：“水蓼，今大率与水红相似，但枝低尔。今造酒，取以水浸汁，和面作麹，亦假其辛味。”

〔4〕榖叶：桑科植物构树 *Broussonetia papyrifera (L.) Vent.* 的叶。构树又称榖树、楮树，单叶互生，有时近对生，叶卵圆至阔卵形，长 8—20 厘米，宽 6—15 厘米，边缘有粗齿，既能用以包裹，又可入药。一般在夏秋季节采集。

【译文】

木香三两　川芎六两　白朮九两　白附子半斤　官桂七两　防风二两　黑附子二两，经过炮制去掉皮　瓜蒂半两

以上各种药都捣碎、研磨成末。每料用糯米粉、白面共三百斤，与上述药末拌和均匀。另外取杏仁二斤，去掉皮、尖，放入砂盆内研磨碎，并滤掉渣滓。然后取水蓼一斤、道人头半斤、蛇麻一斤一起捣烂，加入新打来的五斗井水，揉取出浓汁。将这些麴料放入盆内，用手拌和均匀后，堆放在干净的席上。依常法覆盖一夜，第二天早晨放入麴模踩踏制造麴坯，以踏得坚实为好。踏好后用榖树叶包裹，装盛在纸袋里，挂放在通风的地方。半个月后去掉榖树叶，只用纸袋装盛悬挂，再等两个月后才能使用。

滑 台 麹

白面一百斤，糯米粉一百斤。

已上粉、面先拌和，令匀，次入下项药：

白术四两　官桂二两　胡椒二两　川芎二两　白芷二两　天南星二两　瓜蒂半两　杏仁二斤，用温汤浸去皮、尖，更冷水淘三两遍，入砂盆内研，旋入井花水，取浓汁二斗

右件捣罗为细末，将粉、面并药一处拌和，令匀。然后将杏仁汁旋洒于前项粉面内拌揉，亦须干湿得所，握得聚，扑得散。即用粗筛隔过，于净席上堆放。如法盖三四时辰，候水脉匀，入模子内实踏。用刀子分为四片，逐片印风字讫，用纸袋子包裹，挂无日透风处四十九日。踏下，便入纸袋盛挂起，不得积下。挂时相离着，不得厮沓〔1〕，恐热不透风。每一石米用麹一百二十两，隔年陈麹有力〔2〕，只可使十两。

【注释】

〔1〕厮沓：相互重叠。

〔2〕隔年陈麹有力：陈麹中包含的主要糖化菌根霉孢子的量多，其糖化、酒化能力均较强，产酸菌的数量也更少。但存放时间过长的陈麹，其糖化能力又有下降，几乎失去了发酵力，古人也懂得这个道理，所以说明是“来年”的陈麹。只是对于酒麹的具体保存时间还不精准，现代科学研究表明，3—6个月是酒麹的最佳贮存期。

【译文】

白面一百斤，糯米粉一百斤。

先将以上的粉、面拌和均匀，再加入下列药：

白朮四两　官桂二两　胡椒二两　川芎二两　白芷二两　天南星二两　瓜蒂半两　杏仁二斤，用温水浸泡后去掉皮、尖，再用凉水淘两三遍，放进砂盆里研磨，接着加入井华水，提取出两斗浓汁

以上各种药捣碎后筛成细末，再将粉、面与药一起拌和均匀。然后把杏仁汁绕圈洒到先前备好的粉、面里拌和揉搓，也必须干湿均匀，既能捏得拢，又能散得开。接着用粗眼筛筛过，堆放在干净的席上。如常法覆盖三四个时辰，等到麴坯干湿均匀时，放入模子里踏踩坚实。用刀子将麴坯分割成四块，逐次印上“风”字。用纸袋子把麴坯包裹起来，悬挂在避光通风的地方四十九天。踏麴完成后，要随即装进纸袋悬挂，不能积压。悬挂时要保留一定距离，不能相互叠压，主要是担心温热而不透气。每一石米用麴一百二十两，第二年的陈麴麴力大，只能用十两。

豆花麹

白面五斗　赤豆[1]七升　杏仁三两　川乌头[2]三两　官桂二两　麦糵[3]四两，焙干

右除豆、面外，并为细末。却用苍耳、辣蓼、辣母藤[4]三味各一大握，捣取浓汁。浸豆一伏时，漉出豆蒸，以糜烂为度，豆须是煮烂成砂，控干放冷方堪用。若煮不烂，即造酒出，有豆腥[5]气。却将浸豆汁煎数沸，别顿放，候蒸豆熟，放冷，搜和白面并药末，硬软得所，带软为佳。如硬，更入少浸豆汁。紧踏作片子，只用纸裹，以麻皮[6]宽缚定，挂透风处，四十日取出，曝干即可用。须先露五七夜后，使七八月已后，方可使。每斗用六两，隔年者用四两，此麹谓之错着水。李都尉玉浆[7]乃用此麹，但不用苍耳、辣蓼、辣母藤三种耳。又一法，只用三种草汁浸米一夕，捣粉，每斗烂煮赤豆三升，入白面九斤拌和，踏，桑叶裹，入纸袋，当风挂之，即不用香药耳。

已上风麹。

【注释】

〔1〕赤豆：豆科植物赤豆 *Phaseolus angularis Wight.* 的种子。性平，味甘酸。

〔2〕川乌头：为毛莨科植物乌头（栽培品）*Aconitum carmichaeli Debx.* 的块根。性热，味辛，有毒。川乌头的栽培，始于北宋，其野生的称为草乌。现在造酒药时也有添加草乌的。

〔3〕麦糵：麦芽。麦芽是经过加工发芽的大麦，其中富含的淀粉酶能使淀粉转变成麦芽糖及糊精。

〔4〕辣母藤：底本多处讹作“勒母藤”，径改。本书《顿递祠祭麹》中称

辣母藤为蛇麻的别称，也有说法称“辣母藤”是唇形科植物益母草 *Leonurus heterophyllus Sweet.* 的别名。

〔5〕腥：底本作“醒”，据《知不足斋丛书》本改。

〔6〕麻皮：桑科植物大麻 *Cannabis sativa L.* 茎皮部的纤维，韧性好，可用于编织。

〔7〕李都尉玉浆：不详。

【译文】

白面五斗　赤豆七升　杏仁三两　川乌头三两　官桂二两　麦糵四两，烤干

上述各物除赤豆、白面外，一起磨成细末。另取苍耳、辣蓼、辣母藤三味药各一大把，捣取浓汁。浸泡赤豆一伏的时间，再过滤出来蒸，以蒸得软烂为标准。赤豆必须煮得烂透，成为豆沙，控干、放凉后才可用。如果煮得不烂，就用来造酒，会有豆腥味。把浸泡赤豆的汁水煎煮到多次沸腾，另外放置，等待赤豆蒸熟放凉之后，将浸豆汁水与白面及药末一起拌和，要软硬适当，稍软为好。如嫌稍硬，就再加入少量浸豆的汁水。然后迅速踏踩成麴坯，只以纸包裹，用麻皮宽松地捆绑好，悬挂在通风的地方，四十天后取出晒干就可以使用了。还要先露天放置三十五个晚上，七八月以后，才能使用。每斗米用此麴六两，第二年的陈麴每斗米用四两，这种麴称为“错着水”。李都尉玉浆也用这种麴，但制麴时不加入苍耳、辣蓼、辣母藤三种药。另一种方法是，只用这三种草药的汁将米浸泡一夜，再捣成粉，每一斗米中掺入煮烂的赤豆三升与九斤白面拌和，踏成麴坯后，用桑叶包裹起来装入纸袋，迎风悬挂，就可不用香药了。

以上是风麴的制作方法。

玉友麴

辣蓼、辣母藤、苍耳各二斤，青蒿[1]、桑叶[2]各减半，并取近上稍嫩者。用石臼烂捣，布绞取自然汁。更以杏仁百粒，去皮、尖，细研入汁内。先将糯米拣簸一斗，急淘净，控极干，为细粉，更晒令干。以药汁逐旋匀洒，拌和，干湿得所。干湿不可过，以意量度。抟[3]成饼子，以旧麴末逐个为衣，各排在筛子内。于不透风处净室内，先铺干草，一方用青蒿铺盖。厚三寸许，安筛子在上，更以草厚四寸许覆之，覆时须匀，不可令有厚薄。一两日间不住以手探之，候饼子上稍热，仍有白衣[4]，即去覆者草。明日取出，通风处安卓子[5]上，须稍干，旋旋逐个揭之，令离筛子。更数日，以蓝子[6]悬通风处，一月可用。罨饼子须热透，又不可过候，此为最难。未干见日即裂。夏月造易蛀，唯八月造，可备一秋及来春之用。自四月至九月可酿，九月后寒即不发。

【注释】

〔1〕青蒿：菊科植物青蒿 *Artemisia apiacea Hance.* 的全草。性寒，味苦微辛。

〔2〕桑叶：桑科植物桑 *Morus alba L.* 的叶。性寒，味苦甘。一般以经霜者为好。

〔3〕抟（tuán）：捏之成团。

〔4〕白衣：白色的菌丝。

〔5〕卓子：同“桌子”。

〔6〕蓝子：同“篮子”。

【译文】

准备辣蓼、辣母藤、苍耳各二斤，青蒿、桑叶各减一半，并且摘取靠近植物顶端的嫩叶。将这些草药用石臼捣烂，再用布拧绞出天然的汁液。另取一百颗杏仁，去掉皮、尖，细细研磨后掺入汁液里。预先挑拣、簸过一斗糯米，快速淘洗干净，并控得非常干，磨成细粉后再晒干。把草药的汁液均匀地绕着圈洒在糯米粉上，然后拌和，干湿的程度要适当。干湿不能过度，要凭感觉去把握。之后用手抟成圆饼，逐个蘸上陈麹的末，依次排放在筛子里。在不通风的洁净麹房里先铺上三寸左右的干草，一种方法是用青蒿铺盖。把筛子放在草上，再覆盖上四寸多厚的干草，覆盖得要均匀，不可有厚薄的差别。一两天之内要不停地用手试探，等到麹饼稍微发热，并且表面出现白色的麹菌，就去掉覆盖的草。第二天将麹饼取出来，放在置于通风处的桌子上，等稍稍干燥后，慢慢地逐个掀起，使其剥离筛子。再过几天，装进篮子，悬挂在通风的地方，一个月之后就能用了。罨麹饼时既需要热透，又不能过度，这是最难把握的。如果还没干时遭到日晒，很快就会开裂。夏天制造容易遭虫蛀，只有八月时制造，可供整个秋天与来年春天之用。从四月到九月都可用以酿酒，九月以后天冷，麹就很难发酵了。

白醪麴

粳米[1]三升，糯米一升，净淘洗，为细粉。

川芎一两，峡椒[2]一两，为末。

麴母[3]末一两，与米粉、药末等拌匀。

蓼叶一束，桑叶一把，苍耳叶[4]一把。

右烂捣，入新汲水，破令得所滤汁拌米粉。无令湿，捻成团，须是紧实。更以麴母遍身糁[5]过为衣。以穀树叶铺底，仍盖一宿，候白衣上，揭去。更候五七日，晒干，以蓝盛，挂风头。每斗三两，过半年以后即使二两半。

【注释】

〔1〕粳（jīng）米：又称大米、硬米，由茎秆较矮、叶子较窄的粳稻碾出的米，是稻米中谷粒较短圆、黏性较强、胀性小的品种。

〔2〕峡椒：产自长江中游巴山三峡一带所谓“峡江”地区的花椒。

〔3〕麴母：此指陈麴。陈麴末掺进新麴中接种，作为培养新菌种的母质，有利于优良菌种的传承与提高。

〔4〕苍耳叶：菊科植物苍耳 *Xanthium sibiricum Patr. ex Widd.* 的叶。性寒，味苦辛，有毒。

〔5〕糁（sǎn）：散落，散上。

【译文】

粳米三升，糯米一升，淘洗干净，磨成细粉。

川芎一两，峡椒一两，都磨成末。

麴母末一两，与米粉、药末一起拌和均匀。

蓼叶一束，桑叶一把，苍耳叶一把。

以上三种草药捣烂后加入新打的井水，捣烂是为了过滤出汁液拌和米粉。拌后不能太湿，但捏成的团必须紧密不松。再把麴母末均匀地遍撒在麴团的表面。把穀树叶铺在底下，仍要覆盖好放置一夜，等到白色麴菌出现，就揭去覆盖的草。再等三十五天后，拿出去晒干，然后装在篮子里迎风悬挂。每一斗米用这种麴三两，放了半年之后的陈麴用二两半就可以了。

小 酒 麴

每糯米一斗作粉，用蓼汁和匀。次入肉桂[1]、甘草[2]、杏仁，川乌头、川芎、生姜与杏仁同研汁，各用一分。作饼子，用穰草[3]盖，勿令见风。热透后番[4]，依玉友罨法。出场当风悬之。每造酒一斗用四两。

【注释】

〔1〕肉桂：参见“官桂”。

〔2〕甘草：豆科植物甘草 *Glycyrrhiza uralensis Fisch* 的根及根状茎。性平，味甘。具有特异的芳香气味。

〔3〕穰（ráng）草：经过干燥、整治的禾茎之类。

〔4〕番：反，翻。

【译文】

取一斗糯米磨成粉，用蓼草汁拌和均匀。再加入肉桂、甘草、杏仁，川乌头、川芎、生姜与杏仁一起研磨出汁液，各用一份。做成麹饼后用穰草覆盖，不能透风。热透之后翻转过来，依照玉友麹的罨法制作。之后从麹房取出迎风悬挂。每造酒一斗用小酒麹四两。

真一麴

上等白面一斗，以生姜五两研取汁，洒拌揉和。依常法起酵作蒸饼，切作片子，挂透风处一月，轻干可用。

【译文】

取优质白面一斗，再取五两生姜研磨出汁液，洒在白面里揉和均匀。按照常规的方法起酵，做成蒸饼，切成小块，挂在通风处一个月，等麴坯体轻、干透之后就可使用。

莲 子 麹

糯米二斗淘净，少时蒸饭，摊了。先用面三斗，细切生姜半斤，如豆大，和面，微炒令黄。放冷，隔宿亦摊之。候饭温，拌令匀，勿令作块。放芦席〔1〕上，摊以蒿草〔2〕，罨作黄子〔3〕。勿令黄子黑，但白衣上即去草番转。更半日，将日影中晒干，入纸袋，盛挂在梁上风吹。

已上醁麹。

【注释】

〔1〕芦席：用芦苇编织的席子。

〔2〕蒿草：有青蒿、白蒿等多种。

〔3〕黄子：即女麹。

【译文】

取两斗糯米淘洗干净，过一会即蒸成酒饭并摊凉。先准备三斗面，再将半斤生姜切成豆粒大小，和进面里，然后轻轻翻炒，使之颜色发黄。放凉，隔一夜之后也摊开。等到酒饭温度升高后，将二者均匀地拌和在一起，避免结块。将做成的麹坯放在芦席上，并铺盖上蒿草，以罨麹法制成黄子。不能让黄子上滋生黑色的杂菌，只等白色麹菌一出现，马上去掉蒿草并翻转黄子。再过半天，于阳光下晒干后，装进纸袋悬挂在房梁上让风吹。

以上是醁麹的制作方法。

卷下

卧　　浆[1]

六月三伏时，用小麦一斗，煮粥为脚[2]，日间悬胎盖，夜间实盖之。逐日侵热面浆，或饮汤不妨给用，但不得犯生水。造酒最在浆，其浆不可才酸便用，须是味重。酴米偷酸，全在于浆。大法，浆不酸即不可酝酒，盖造酒以浆为祖。无浆处或以水解醋，入葱、椒等煎，谓之“合新浆”。如用已曾浸米浆，以水解之，入葱、椒等煎，谓之“传旧浆”，今人呼为“酒浆”是也。酒浆多浆臭而无香辣之味，以此知须是六月三伏时造下浆，免用酒浆也。酒浆寒凉时犹可用，温热时即须用卧浆。寒时如卧浆阙绝，不得已亦须且“合新浆”用也。

【注释】

〔1〕卧浆：即是制作酸浆水。酸浆水对于黄酒的酿造具有重要意义，我国最晚在南北朝时期就已懂得使用。酸浆中富含的乳酸和氨基酸等成分可以调节发酵醪的酸度，保护酵母菌的繁殖，抑制杂菌的生长，而且对黄酒风味的形成也有独特作用。

〔2〕脚：本书中多指酒母。此处为制作酸浆先放入瓮里的底料。

【译文】

农历六月三伏天时，准备小麦一斗，煮成粥放入瓮里作底料，白天不实盖，晚上盖严。每天灌洒热面浆，有时用喝的汤也不妨，只是不要接触未煮的生水。造酒的关键在于酸浆，但酸浆不能刚刚变酸就使用，要等到酸味变重才行。酴米取酸，关键也全都在于酸浆。基本规范是：浆不酸就不能用来酿酒，大概是因为造酒以酸浆为先要条件。在缺少酸浆的情况下，有时用水稀释醋，再加入葱、椒等物一起煎煮，称为“合新浆”。如果使用已经浸泡过米的浆水，用水稀释后，加入葱、椒等一起煎煮，称为“传旧浆”，就是现在的人称为“酒浆”的东西。酒浆有较浓的浆臭味而缺少香辣的味道，由此可知要在六月三伏天时造好酸浆水，是为了避免使用这种“酒浆”。酒浆在天气寒冷时还可以用，但天气温热时就必须用“卧浆”。如果天气寒冷时“卧浆”用完了，在不得已的情况下，也要凑合着“合新浆”用。

淘米

造酒治糯为先[1]。须令拣择，不可有粳米[2]。若旋拣，实为费力，要须自种糯谷[3]，即全无粳米，免更拣择。古人种秫盖为此。凡米不从淘中取净，从拣中取净，缘水只去得尘土，不能去砂石、鼠粪之类。要须旋舂[4]簸，令洁白，走水一淘，大忌久浸。盖拣簸既净，则淘数少而浆入。但先倾米入箩，约度添水，用杷子靠定箩唇，取力直下，不住手急打斡，使水米运转，自然匀净，才水清即住。如此则米已洁净，亦无陈气，仍须隔宿淘控，方始可用。盖控得极干，即浆入而易酸，此为大法。

【注释】

〔1〕糯米是酿造黄酒的最主要原料。糯米中的淀粉含量高，蛋白质和灰分含量低，且所含的淀粉几乎全是支链淀粉，分子间排列松散，浸米、蒸饭都比较容易，而糖化较困难。这使得糯米黄酒中残留较多糊精与低聚糖，味道更加醇厚。

〔2〕粳米含有较多的直链淀粉，分子间排列整齐、紧密，其浸米、吸水及蒸饭糊化，要比糯米困难。另外，粳米的淀粉含量低于糯米，蛋白质的含量却高于糯米。除了出酒率稍高，粳米酿酒效果比糯米要差一些。

〔3〕糯谷：即禾本科一年生草本植物糯稻 *OryzasativaL.var.GlutinosaMatsum*，是稻的黏性变种，其颖果平滑，粒饱满，稍圆，脱壳后称糯米。

〔4〕舂（chōng）：用杵臼捣去谷物的皮壳。

【译文】

造酒，准备糯米是首要的事。糯米必须经过挑拣，不能掺杂有粳米。如果淘洗时现挑拣，实在太费力，最好是自种糯谷，就全然没有粳米，更无需挑拣。古人种秫的原因大概在于此。米的洁净不能只依赖淘洗，而要依靠挑拣，因为水只能洗得掉尘土，不能洗掉砂石、鼠粪之类的东西。关键是要随时舂米随时拣簸，使其洁净光白，再用水迅速淘洗，长时间浸泡是最忌讳的。大概挑拣簸过之后，糯米已基本洁净了，只需淘洗几遍就可以倒入酸浆水。先将米倒进箩中，根据米的多少酌情加水，然后将杷子紧靠住箩边，用力插到底，转着圈快速搅拌不停，使水带动米旋转起来，米自然就完全洁净，水刚变清就停止搅拌。如此一来，米已经很干净了，且没有陈腐的气味，但还需要隔夜后淘洗控干，才可以用。大概米控得非常干，倒入酸浆水后才会容易酸，这是最基本的规范。

煎　　浆

假令米一石，用卧浆水一石五斗。卧浆者，夏月所造酸浆也，非用已曾浸米酒浆也。仍先须子细[1]刷洗锅器三四遍。先煎三四沸，以笊篱漉去白沫，更候一两沸，然后入葱一大握祠祭以薤[2]代葱、椒一两、油二两、面一盏。以浆半碗调面，打成薄水，同煎六七沸。煎时不住手搅，不搅则有偏沸及有煿[3]着处。葱熟即便漉去葱、椒等。如浆酸，亦须约分数以水解之；浆味淡，即更入酽醋[4]。

要之，汤米浆以酸美为十分，若用九分味酸者，则每浆九斗，入水一斗解之，馀皆仿此。寒时用九分至八分，温凉时用六分至七分，热时用五分至四分。大凡浆要四时改破，冬浆浓而涎，春浆清而涎，夏不用苦涎[5]，秋浆如春浆。造酒看浆是大事，古谚云："看米不如看麴，看麴不如看酒，看酒不如看浆。"

【注释】

〔1〕子细：同"仔细"。

〔2〕薤（xiè）：百合科葱属多年生草本植物薤 *A chinense G.Don*，其鳞茎和嫩叶可食用。味辛。古代有挽歌名《薤露》，祠祭用酒以薤代葱或取其意。

〔3〕煿（bó）：煎烤。

〔4〕酽（yàn）醋：很酸的浓醋。

〔5〕由于夏季温度高，夏浆中的乳酸含量少，其他有机酸与某些不良成分也比其他季节多，因而苦味很重。一般酿酒很少使用夏浆。

【译文】

如果有米一石，就用卧浆水一石五斗。卧浆，是夏天所造的酸浆水，不是已经浸泡过米的酒浆。还要先仔细刷洗煎浆的锅具三四遍。先煎煮到三四次沸腾，用笊篱撇去白沫，等一两次沸腾后，加入一大把葱祠祭用酒以薤代替葱、一两椒、二两油、一碗面。另用半碗酸浆水调和面，搅成稀糊状，一起煎煮至六七次沸腾。煎煮时要不停地搅拌，不搅则会有沸腾不均匀和糊锅的地方。葱熟了，就滤掉葱、椒等佐料。如果浆水太酸，要按照比例用水稀释；浆水味太淡，就再加进些醽醋。

总之，浸米的浆水以酸美为十分，如果用九分酸的，那么每九斗浆水，加入一斗水稀释，其馀都仿照这个比例来处理。寒冷时适宜用九分至八分酸的浆水，温凉时适宜用六分至七分酸的浆水，炎热时适宜用五分到四分酸的浆水。大致要根据四季的不同有所改变，冬浆要浓且黏稠，春浆要清而黏稠，夏浆味苦不常用，秋浆要如同春浆。造酒时关注浆水是大事情，古谚语说：“关注米不如关注麴，关注麴不如关注酒，关注酒不如关注浆。”

汤　米[1]

一石瓮埋入地一尺。先用汤汤瓮，然后拗浆，逐旋入瓮。不可一并入生瓮，恐损瓮器。便用棹篦[2]搅出大气，然后下米。米新即倒汤，米陈即正汤。汤字去声切。倒汤者，坐浆汤米也。正汤者，先倾米在瓮内，倾浆入也。其汤须接续倾入，不住手搅。汤太热则米烂成块，汤慢即汤去声切不倒而米涩，但浆酸而米淡。宁可热不可冷，冷即汤米不酸，兼无涎生。亦须看时候及米性新陈。春间用插手汤，夏间用宜似热汤，秋间即鱼眼汤[3]比插手差热，冬间须用沸汤[4]。若冬月却用温汤，则浆水力慢，不能发脱；夏月若用热汤，则浆水力紧，汤损亦不能发脱，所贵四时浆水温热得所。

汤米时逐旋倾汤，接续入瓮，急令二人用棹篦连底抹起三五百下，米滑及颜色光粲乃止。如米未滑，于合用汤数外更加汤数斗汤之。不妨只以米滑为度。须是连底搅转，不得停手。若搅少，非特汤米不滑，兼上面一重米汤破，下面米汤不匀，有如烂粥相似。直候米滑浆温，即住手。以席荐[5]围盖之，令有暖气，不令透气。夏月亦盖，但不须厚尔。

如早辰[6]汤米，晚间又搅一遍；晚间汤米，来早又复再搅。每搅不下一二百转。次日再入汤又搅，谓之“接汤”。“接汤”后渐渐发起泡沫，如鱼眼、虾跳[7]之类，大约三日后必醋矣。寻常汤米后第二日生浆泡，如水上浮沤[8]；第三日生浆衣[9]，寒时如饼，暖时稍薄；第四日便尝，若已酸美有涎，即先以笊篱掉去浆面，以手连底搅转，令米粒相离，恐有结米。蒸时成块，气难透也。夏月只隔宿可用，春间两日，冬间三宿。

要之，须候浆如牛涎，米心酸，用手一捻便碎，然后漉出，亦不可拘日数也。惟夏月浆、米热后，经四五宿，渐渐淡薄，谓之“倒了”。盖夏月热后，发过罨损。况浆味自有死活，若浆面有花衣，浡[10]白色明快，涎黏，米粒圆明松利，嚼着味酸，瓮内温暖，乃是浆活；若无花沫，浆碧色不明快，米嚼碎不酸，或有气息，瓮内冷，乃是浆死。盖是汤时不活络。善知此者，尝米不尝浆；不知此者，尝浆不尝米。大抵米酸则无事于浆，浆死却须用杓尽撇出元浆，入锅重煎再汤，紧慢比前来减三分，谓之“接浆”。依前盖了，当宿即醋。或只撇出元浆不用，漉出米，以新水冲过，出却恶气。上甑炊时，别煎好酸浆泼饙[11]，下脚亦得，要之不若接浆为愈。然亦在看天气寒温，随时体当。

【注释】

〔1〕汤（tàng）米：即用煎好的酸浆浸米，使米酥松发酸。古人酿酒用热浆水浸米，故称“汤”。汤，作动词，用热水暖物。

〔2〕棹篦（bì）：桨形搅拌工具，类似于今日黄酒生产中使用的“划脚”。

〔3〕鱼眼汤：水初沸时冒出鱼眼般大小的水泡，古人比作鱼眼。

〔4〕要保持浸米浆水温度的适宜，就要根据不同季节的气温来调节。浆水温度与气温相反，才能使米粒吸水充分，有效成分损失少，且易于蒸饭。

〔5〕荐：草垫，比草席厚，保温性更好。

〔6〕辰：通“晨”。

〔7〕虾跳：即虾眼。煎茶、煮水初沸时冒出的水泡形似虾眼，古人称之为“虾眺”，比“鱼眼”更小，也比“鱼眼”出现的早。跳，通“眺”。

〔8〕浮沤（ōu）：水面上漂浮的泡沫。

〔9〕浆衣：浸米浆上出现的乳白色菌醭，较厚，由好气性产膜酵母形成。

〔10〕浡（bó）：涌起的气泡。

〔11〕泼饙（fēn）：将沸浆水泼洒到半熟饭中，使饭粒胀饱熟透，之后可用于酿酒。用这种方法得到的米饭烂而不糊。饙，半熟的饭。《玉篇》：饙，半蒸饭也。

【译文】

将一个石瓮埋入地下一尺深。先用热水烫过石瓮，再舀取酸浆，转着圈加进瓮里。不能一下倒进未曾烫过的新瓮中，以免损伤石瓮。接着用棹篦搅拌，使酸气冒出来，再加进米。米新就用“倒汤”，米陈就用“正汤”。“汤”字音为去声。倒汤就是将米直接浸入预先备好的酸浆中；正汤就是先把米倒进瓮里，再倒入酸浆浸泡。倒酸浆时要连续不断，边倒边用手不停地搅拌。汤米浆水太热米就会烂结成块，浆水温度低时浸泡得缓慢，米发涩，且只是浆发酸而米却淡而无味。所以，浆水宁可热也不要凉，温度低了浸的米不发酸，而且没有黏液产生。当然还要注意汤米的时节与米的新陈程度。春季用刚好不烫手的热浆，夏季用稍有温度的温浆，秋季用“鱼眼汤”，比不烫手的热浆稍热一些，冬季必须用滚烫的沸浆。如果冬季只用温浆，那么浆水力小，米不会松软发酸；如果夏季用热浆，那么浆力过大，使汤米的过程受到损害，米也不会松软发酸。汤米贵在浆水温度能适应不同的季节。

汤米时要绕着圈、连续不断地将浆水倒进瓮里，且马上让两个人用棹篦从底向上翻搅三五百下，直到米粒变滑且颜色光鲜才停手。如果米还不滑，就在一般用浆量之外再增加几斗来浸泡。所以不妨只是以米滑为标准。汤米时必须连底翻转搅动，不能停手。如果搅得不够，非但所浸的米不滑，更会出现上面一层米被浸破，而下面的米还没有融进浆水，就像烂粥一样的情况。直到米滑、浆水温热时，才能停止搅拌。然后用草席将瓮围盖起来，使之保温且不透气。夏季也要盖好，只是不必太厚。

如果是早晨汤米，晚上要再搅一遍；晚上汤米，第二天早晨要再搅动一次。每次搅动不少于一两百圈。第二天再加入热浆水搅动，称为“接汤”。“接汤”之后瓮里逐渐出现泡沫，就像所谓“鱼眼”、“虾眺”之类，大约三天后肯定会变酸了。一般情况下汤米后第二天就会生出像水上浮沤一样的浆水泡，第三天浆面上会生出浆衣，浆衣天冷时像饼一样厚，天暖时稍薄一些；第四天便可以品尝，如果已非常酸美且还产生了黏液，就先用笊篱撇去浆水表面的薄膜，再用手从底翻转搅动，使米粒相互分离，以免结块。蒸饭时若有结块的米，就很难蒸透。夏至时汤好的米只需隔一夜就能用，春季要隔两天，冬季要隔三夜。

总之，要等到浆水像牛口水一样黏，米心也已酸透，用手一搓就碎时，才可过滤出来，不必拘泥于具体浸泡时间的长短。只有夏季浆水及米发热后，经过四五天的时间，会逐渐变稀，酸味变淡，叫做“倒了”。原因可能在于夏季发热以后，因温度过高而发酵过度。更何况浆水有“死活”的区别，如果浆水表层有花色的菌衣，涌起的气泡颜色鲜亮发白，浆水发黏，米粒圆润酥松，嚼起来味酸，瓮里温暖，就说明是活浆；如果浆水表层没有花色气泡，浆水呈碧绿色，且颜色不鲜亮，米虽能嚼碎但没酸味，或者稍有些酸气，可瓮里很凉，就说明是死浆。浆死的原因可能在于汤米时没有随机变通。懂得这个道理的人，检查汤米效果时尝米而不尝浆水；不懂这个道理的人，就尝浆水而不尝米。大约米酸以后浆水的作用就差不多了，但若浆死就必须用勺子将原浆水全部撇除，放到锅里重新煎煮后再浸米，其效果比之前的浆水要差几分，这种做法称为“接浆”。汤米之后依照之前的做法盖好，当天晚上就能发酸。或者浆死后只撇除原浆水，把米滤出后，用新水冲洗一遍，以除掉附着的坏味。上甑蒸米时，另外煎煮优质的酸浆“泼饋”，制作酒母也可以，只是总不如“接浆”更好。但不论怎样，都要根据天气的冷暖来决定采用何种办法。

蒸醋麋[1]

欲蒸麋，隔日漉出浆衣，出米置淋瓮[2]，滴尽水脉。以手试之，入手散蔌蔌地便堪蒸。若湿时，即有结麋。先取合使泼麋浆以水解，依四时定分数。依前入葱、椒等同煎，用篦不住搅，令匀沸。若不搅，则有偏沸及焟灶釜处，多致铁腥。

浆香熟，别用盆瓮内放冷，下脚使用。一面添水烧灶，安甑、单[3]，勿令偏侧。若刷釜不净，置单偏仄[4]或破损，并气未上便装筛，漏下生米，及灶内汤太满，可八分满。则多致汤溢出冲单，气直上突，酒人谓之“甑达”，则麋有生熟不匀。急倾少生油入釜，其沸自止。

须候釜沸气上，将控干酸米逐旋以杓轻手续续趁气撒装，勿令压实。一石米约作三次装，一层气透，又上一层。每一次上米，用炊帚[5]掠拨周回上下生米在气出处，直候气匀、无生米、掠拨不动。更看气紧慢不匀处，用米杴子[6]拨开慢处，拥在紧处，谓之“拨溜”。若箅子周遭气小，须从外拨来向上，如鏊[7]背相似。时复用“气杖子”试之，劄处若实，即是气流；劄处若虚，必有生米，即用杴子翻起拨匀。候气圆，用木拍或席盖之。

更候大气上，以手拍之，如不黏手，权住火，即用杴子搅斡盘折。将煎下冷浆二斗，随棹洒拨[8]，每一石米汤用冷浆二斗，如要醇浓，即少用水饋，酒自然稠厚。便用棹篦拍击，令米心匀破成麋。缘浆米既已浸透，又更蒸熟，所以棹篦拍着，便见皮拆心破，里外呫烂成麋。再用木拍或席盖之，微留少火，泣定水脉。即以馀浆洗案，令洁净，出糜在案上，摊开令冷〔9〕，翻梢一两遍。

脚糜若炊得稀薄如粥，即造酒尤醇。搜拌入麹时，却缩水胜如旋入别水也，四时并同。洗案、刷瓮之类，并用熟浆，不得入生水。

【注释】

〔1〕蒸醋糜：蒸制用于酿造酒母的米饭，因所蒸经过浸泡的米味道发酸而称醋糜。糜，通“糜”，指煮烂的米。

〔2〕淋瓮：瓮底有小口，能将浸米表面的水分沥干。

〔3〕单：笼布一类的物品。

〔4〕偏仄：偏斜，倾斜。

〔5〕炊帚：类似于今天的刷帚。

〔6〕米杴（xiān）子：用于翻搅米饭的铲形工具。

〔7〕鏊（ào）：煎、烙用的炊具，铸铁制成，圆形，短足，中间稍凸。

〔8〕随棹洒拨：可以避免因米粒浸泡时水分吸收不充分而导致的蒸后存在“白心”现象。按：此四字应是正文，不似注释文字。

〔9〕摊开令冷：这是一种摊饭冷却法，现在酿造黄酒仍在使用。

【译文】

打算蒸糜时，须在前一天就把浆衣滤掉，再把米从浆水中过滤出来，放入淋瓮里，控干米上的水分。用手试探，如米能轻易地散开就可以蒸了。若是太湿，蒸出的糜中会有结块。取适量先前滤出的浆水用水稀释，按照季节不同确定比例。依之前煎浆时的方法放进葱、椒等一起煎煮，用篦不停地搅拌，使之均匀沸腾。如果不搅的话，就会有沸腾不均匀及糊锅的地方，容易窜入铁腥味。

浆水煎熟散发香气以后，另外用盆瓮盛出放凉，以备制造脚饭时使用。一边加水烧锅，安放甑与笼布，要铺得正，不要偏斜。如果锅刷得不干净，笼布铺放位置偏斜或者破损，再加上蒸气还没冒出就装上筛箅，生米因而漏下去，以及锅里的水太满，应该大约八成满。都容易导致水溢出来冲到笼布上，蒸气直接涌上，酿酒人称为“甑达”，蒸出的醋糜就会生熟不均匀。这时要赶紧往锅里倒入少量生油，剧烈的沸腾自会停止。

必须等到锅里的水开、蒸气冒出时，将控干水的发酸的米用勺子，趁着蒸气轻轻地绕着圈、连续不断地撒在甑里，不要压得太实。一石米大约分成三次装，一层米的蒸气透上来，就再装一层米。每一次装米，都先用炊帚把周围上下的生米拂拨到蒸气冒出的地方，直到蒸气均匀、没有生米、拂拨不动。另外还需查看有无蒸气大小不均匀的地方，用“米杴子”拨开蒸气小的地方，拥聚在蒸气大的地方，这称为“拨溜”。如果箅子周围蒸气较小，必须从外向上拂拨，形状类似鳌子隆起的背部。时时再用“气杖子”去试探，如果插到的地方坚实，说明蒸气通畅；如果刺到的地方虚空，就说明一定有生米，要立刻用“米杴子”将生米翻起，拂拨均匀。等到蒸气均匀贯通了，用木拍或者草席将甑盖上。

再等到“大气”冒出，用手拍打米饭，如若不黏手，暂且停火，接着用杴子翻折搅拌。将二斗已经煎好、放凉的浆水泼洒中米饭上。边搅米边洒冷浆，每一石米洒入冷浆水二斗，如要酒醇厚浓稠，就用少许水“泼饙”，酒自然会稠厚。接着就用棹篦拍打米饭，使米心均匀地破碎成糊状。因为酸浆水既已将米浸透，又加上已蒸熟，所以用棹篦一拍，米就散裂破碎，内外都烂成糊状。再用木拍或者草席盖上甑，稍留些小火，用以熬干水分。随即用剩下的浆水刷洗案子，使其洁净，然后取出蒸好的醋糜放在案上，摊开使之冷却，从底翻搅一两遍。

脚饭如果蒸得像粥一样又稀又薄，造出酒来就特别醇厚。当加入酒麹搅拌时，少加水强过随意加入其他水，这在四个季节都是一样的。至于洗案、刷瓮之类的事，都要用煮过的熟浆水，不能用生水。

用　麹

古法先浸麹[1]，发如鱼眼汤。净淘米，炊作饭，令极冷。以绢袋[2]滤去麹滓，取麹汁于瓮中，即投饭。近世不然，炊[3]饭，冷，同麹搜拌入瓮。麹有陈新，陈麹力紧，每斗米用十两，新麹十二两或十三两。腊脚酒[4]用麹宜重，大抵麹力胜则可存留，寒暑不能侵。米石百两，是为气平，十之上则苦，十之下则甘，要在随人所嗜而增损之。

凡用麹，日曝夜露。《齐民要术》：夜乃不收，令受霜露。须看风阴，恐雨润故也。若急用，则麹干亦可，不必露也。受霜露二十日许，弥令酒香。麹须极干，若润湿则酒恶矣。新麹未经百日，心未干者，须擘破炕焙，未得便捣，须放隔宿，若不隔宿，则造酒定有炕麹气。

大约每斗用麹八两，须用小麹一两，易发无失。善用小麹，虽煮酒亦色白，今之玉友麹用二桑叶者是也[5]。酒要辣，更于酘[6]饭中入麹，放冷下，此要诀也。张进[7]造供御法酒，使两色麹，每糯米一石，用杏仁罨麹六十两，香桂罨麹四十两。一法，酝酒罨麹、风麹各半，亦良法也。

四时麹粗细不同。春冬酝造日多，即捣作小块子，如骰子[8]或皂子[9]大，则发断有力而味醇酽。秋夏酝造日浅，则差细，欲其麹米早相见而就熟。要之，麹细则味甜美，麹粗则硬辣。若粗细不匀，则发得不齐，酒味不定。大抵寒时化迟不妨，宜用粗麹，暖时麹欲得疾发，宜用细末。

虽然，酒人亦不执。或醅紧恐酒味太辣，则添入米一二斗；

若发太慢，恐酒甜，即添麹三四斤，定酒味全此时，亦无固必也。供御祠祭用麹并在醁米内尽用之，酘饭更不入麹。一法，将一半麹于酘饭内分，使气味芳烈，却须并为细末也。唯羔儿酒[10]尽于脚饭[11]内着麹，不可不知也。

【注释】

〔1〕古法先浸麹：《齐民要术》中的各种酒麹均要先经过浸渍，这种方法使得麹渣中的有益霉菌被抛弃，是不科学的，到宋朝已经不用了。

〔2〕绢袋：生绢缝制的袋子，平滑而疏，易于清洗，榨酒时用来过滤酒糟。《齐民要术》中记述的绢袋也用于过滤麹渣。

〔3〕炊：底本作“吹”，据《四库》本改。

〔4〕腊脚酒：腊月酿造的酒，又称“腊酒”、“腊酝”，也有地方专指腊八节酿造的酒。陆游《梅仙坞小饮》：“雨前芳嫩初浮碗，腊脚清醇旋拆泥。”明高濂《遵生八笺》卷十二有“腊酒”酿法：“用糯米两石，水与酵二百斤，足秤白麹四十斤，足秤酸饭二斗或用米二斗起酵，其味醲而辣，正腊中造煮时，大眼篮二个，轮置酒瓶在汤内，与汤齐滚，取出。”

〔5〕桑叶中富含蛋白质，酿造后加入大量桑叶，其中的蛋白质遇高温后会产生絮状沉淀，使酒色发白。

〔6〕酘（dòu）：投放。

〔7〕张进：不详。

〔8〕骰（tóu）子：也称“色子”，是用骨、木等制成的正立方体博具。

〔9〕皂子：豆科植物皂荚 *Gleditsia sinensis Lam.* 的种子。干燥后呈长椭圆形，一端略尖，长 11—13 毫米，宽 7—8 毫米，厚约 7 毫米。

〔10〕羔儿酒：即“羊羔酒”。明高濂《遵生八笺》卷十二《羊羔酒》：“糯米一石，如常法浸浆，肥羊肉七斤，麹十四两，杏仁一斤，煮去苦水，又同羊肉多汤煮烂，留汁七斗，拌前米饭，加木香一两同醖。不得犯水，十日可吃，味极甘滑。”明李时珍《本草纲目》卷二十五：“羊羔酒：大补元气，健脾胃，益腰肾。宣和化成殿真方：用米一石，如常浸浆，嫩肥羊肉七斤，麹十四两，杏仁一斤，同煮烂，连汁拌末，入木香一两同酿，勿犯水，十日熟，极甘滑。一法：羊肉五斤，蒸烂，酒浸一宿，入消梨七个，同捣取汁和麹米，酿酒饮之。”

〔11〕脚饭：初酿下瓮作为发酵底料的米饭，也作为再投饭的酒母。

【译文】

古代的方法是先浸泡酒麹，使其发酵，出现如鱼眼一样的小气泡。再将淘洗干净的米蒸成酒饭，并完全冷却。用绢袋过滤掉麹渣，将留下的麹汁倒进瓮里，随即投入酒饭。近代则不是这样，蒸饭冷却之后，同酒麹一起拌和，再装进瓮里。酒麹有陈与新的区别，陈麹麹力大，每斗米只需用十两，新麹则每斗米要用十二两或十三两。“腊脚酒”用麹宜多，大概麹力强才可以长时间保存，冬季的寒冷与夏季的炎热都不能使其变质。一石米用一百两麹，是酒味适宜的比例，每斗用麹十两以上，酒会发苦，十两以下会发甜，关键在于根据个人的喜好而增减。

但凡准备使用的麹，都要白天晒夜里晾。《齐民要术》中说：酒麹夜里不收起来，使其接受霜露的浸润。但要留意风大及阴沉的天气，这是担心被雨淋的缘故。如果是急着用麹，那么只要酒麹干了也可以，不必再受霜露浸润。但经霜露浸润二十天左右的酒麹，能使酒味更加香醇。麹还必须非常干，若是潮湿，酿出的酒味道很差。新造出的酒麹存放不满百日，其内部尚未全干的，要破开后用火焙烤，但烤完不能马上捣碎，还需隔夜后才能使用，如果不这样，造出的酒一定会有酒麹经过火烤的味道。

大约每斗米用八两酒麹，再用一两小麹，才能保证发酵而不会有闪失。善于使用小麹，即使是经过煎煮，酒色也会发白，现在的玉友麹中加入两份桑叶也是这个原因。如果想要酒更辣些，就要在再投的饭内加些酒麹，等饭放冷后投入，这是其要诀。张进酿造供御用的法酒时，用两种麹，即每一石糯米用六十两杏仁罨麹和四十两香桂罨麹。另一种方法是，酿酒时使用罨麹、风麹各一半，也是种好办法。

季节不同，用麹的粗细也有差别。春冬两季酿造所需时间长，把酒麹捣成像骰子或皂子一样的大小的小块，就会因发酵有力而使酿出的酒味道醇厚。秋夏两季酿造所需的时间短，把酒麹捣磨得稍微细些，这是为了让酒麹和米能够尽快接触而发酵、成熟。总之，麹粒细酿出的酒味甜美，麹粒粗酿出的酒味硬辣。如果粗细不均匀，发酵的程度就会不一致，难以控制酒味。大概寒冷时发得稍慢也没关系，适宜用粗麹粒，温暖时需要让酒麹迅速发酵，适宜用研细的麹末。

即使是这样，酿酒的人也会加以变通。有时因担心酒醪发酵过快而使酒味太辣，就再加入一两斗米；如果因担心发酵太慢而使酒味过甜，就再加入三四斤酒麹，确定酒味全在此时，但也不可太拘泥。供给御用和祠祭所用的酒麴都要在“酴米”时全部用完，而在投饭时就不再放入酒麴了。另一种方法是将一半的酒麴在投饭时投入，以使酒醪气味芳香浓烈，但要将酒麴研磨成细末才行。只有酿造“羔儿酒”时，酒麴要全部投进脚饭内，这是不能不知道的常识。

合　　酵[1]

北人造酒不用酵。然冬月天寒，酒难得发，多攧了。所以要取醅面正发醅为酵最妙。其法用酒瓮正发醅，撇取面上浮米糁[2]，控干，用麴末拌，令湿匀，透风阴干，谓之干酵。

凡造酒时，于浆米中先取一升已来，用本浆[3]煮成粥，放冷，冬月微温。用干酵一合，麴末一斤，搅拌令匀，放暖处，候次日搜饭时，入酿饭瓮中同拌。大约申时[4]欲搜饭，须早辰先发下酵，直候酵来多时，发过方可用。盖酵才来未有力也。酵肥为来，酵塌可用。又况用酵四时不同，须是体衬天气，天寒用汤发，天热用水发，不在用酵多少也。不然，只取正发酒醅二三杓拌和，尤捷。酒人谓之"传醅"，免用酵也。

【注释】

〔1〕合酵：制干醅为麴酵并准备制醪，实际是一种菌种扩大培养的方法。

〔2〕米糁：米粒。

〔3〕本浆：自身浸米的浆水。

〔4〕申时：十五时至十七时。

【译文】

北方人造酒不使用酵。然而冬季天气寒冷，酒饭难以发酵，大多积滞。所以要取用醅面正在发酵的醅做酵母，这是最好不过的了。其做法是用酒瓮中正在发酵的酒醪，撇出表面漂浮着的米粒，控干之后，用细麴末拌和，使之均匀地湿透，再放在通风的地方阴干，称为"干酵"。

但凡造酒的时候，从浸泡的米中先取出一升多，然后用本来浸米的浆水煮成粥状，待其冷却，冬季时可稍微温些。另加入一合干酵与一斤麴末，一起搅拌均匀，放置在暖和的地方，等到第二天搅拌酒饭时，放进酿饭瓮里同酒饭一起拌和。大致是如果打算申时搅拌酒饭，需要在早晨就预先起酵，直等到酵发得程度高，发过之后才可以使用。这大概是刚发酵时酵力不足的缘故。酵发得肥的时候说明发酵已经产生作用了，酵发过后变塌时最适合使用。又何况四季用酵的方法不同，还需要体察天气变化，天冷时用热水起酵，天热时常用温水起酵，不在于所用酵母的数量多少。如果不这样做的话，只撇取两三勺正在发酵的酒醅与酒饭拌和，发酵会尤其迅速。酿酒的人称这种方法为“传醅”，无须另用酵母。

酴米[1] 酴米，酒母也，今人谓之脚饭。

蒸米成糜，策在案上，频频翻，不可令上干而下湿。大要在体衬天气，温凉时放微冷，热时令极冷，寒时如人体。金波法：一石糜用麦糵四两，炒令冷。麦糵咬尽米粒，酒乃醇醲。糁在糜上，然后入麹、酵，一处众手揉之，务令麹与糜匀。若糜稠硬，即旋入少冷浆同揉，亦在随时相度。大率搜糜只要拌得麹与糜匀足矣，亦不须搜如糕糜。京酝[2]搜得不见麹，饭所以太甜。麹不须极细，麹细则甜美，麹粗则硬辣。粗细不等，则发得不齐，酒味不定。大抵寒时化迟不妨，宜用粗麹，可投子[3]大。暖时宜用细末，欲得疾发。大约每一斗米使大麹八两，小麹一两，易发无失。并于脚饭内下之，不得旋入生麹。虽三酘酒，亦尽于脚饭中下，计算斤两。搜拌麹糜匀，即般入瓮[4]。

瓮底先糁麹末，更留四五两麹盖面。将糜逐段排垛，用手紧按瓮边，四畔拍令实[5]。中心剜作坑子，入刷案上麹水三升或五升已来，微温，入在坑中，并泼在醅面上，以为信水。大凡酝造，须是五更初下手，不令见日。此过度法也。下时东方未明要了，若太阳出，即酒多不中。一伏时[6]歇，开瓮，如渗信水不尽，便添荐席围裹之。如泣尽信水，发得匀，即用杷子搅动[7]，依前盖之，频频揩汗。三日后用手捺破头尾，紧，即连底掩搅令匀。若更紧，即便摘开分减入别瓮[8]，贵不发过。一面炊甜米便酘，不可隔宿，恐发过无力，酒人谓之“摘脚”。

脚紧多由糜热，大约两三日后必动。如信水渗尽，醅面当心夯起有裂纹，多者十馀条，少者五七条，即是发紧，须便分减。大抵冬月醅脚厚不妨，夏月醅脚要薄。如信水未干，醅面不裂，即是发慢，须更添席围裹。候一二日，如尚未发，每醅一石，用杓取出二斗以来，入热蒸糜一斗在内，却倾取出者醅在上面盖之，以手按平。候一二日发动，据后来所入热糜计合用麹，入瓮一处拌匀，更候发紧掩捺，谓之“接醅”。若下脚后依前发慢，即用热汤汤臂膊，入瓮搅掩，令冷热匀停。须频蘸臂膊，贵要接助热气。或以一二升小瓶伫热汤，密封口，置在瓮底，候发则急去之，谓之“追魂〔9〕”。或倒出在案上，与热甜糜拌，再入瓮厚盖合，且候隔两夜，方始搅拨。依前紧盖合，一依投抹次第，体当渐成醅，谓之“搭引”。或只入正发醅脚一斗许在瓮当心，却拨慢醅盖合，次日发起搅拨，亦谓之“搭引”。

造酒要脚正，大忌发慢，所以多方救助。冬月置瓮在温暖处，用荐席围裹之，入麦䴬、黍穰之类，凉时去之。夏月置瓮在深屋底不透日气处。天气极热，日间不得掀开。用砖鼎足阁起，恐地气，此为大法。

【注释】

〔1〕酴（tú）米：制造酒母，宋人也将酒母称为脚饭。《说文》：“酴，酒母也。”

〔2〕京酝：京城酿造的酒。北宋都城东京，即今开封。

〔3〕投子：同“骰子”。

〔4〕般入瓮：现在这个程序称为“落缸”。般，同“搬”。

〔5〕拍令实：这与现在落缸时搭窝的操作一致，但现在不拍实，只用竹帚将物料表面轻轻压实，保证不下塌就行。拍实不利于糖化菌的生长繁殖及热量的释放。本书《曝酒法》又讲“不须令太实”，已懂得搭窝的科学方法，此处要求“拍令实”，不知为何。

〔6〕一伏时：一昼夜。

〔7〕现在这个程序称为“开耙”，这是酿制黄酒中最难掌握的关键工序，一般由经验丰富的技工操作。

〔8〕当发酵猛烈时将发酵醪分到其他瓮中，可以降低品温，防止因品温上升过快而导致酸败。现在称为“分缸”。

〔9〕追魂：借助于热水瓶的热量提高落缸后的品温，以促进发酵。这种方法现在也经常使用。

【译文】

米蒸成软烂的酒饭之后，摊铺在案子上，频繁地翻动，不能使米上面干而下面湿。关键在于体察天气冷暖，天气温凉时使之稍微凉，天气热时使之非常凉，天气冷时使之和人的体温差不多。金波法：一石酒饭用四两麦麹，麦麹要炒过之后放凉。麦麹与米粒结合得紧密，酿出的酒才会醇厚醲香。将麦麹撒在酒饭上，然后加入酒麹和酵，放在一起让众人用手揉拌，务必拌和均匀。如果酒饭黏稠干硬，就马上加进少许凉的酸浆一起揉拌，其关键也在于随时根据软硬稀稠程度作出调整。大致搅拌酒饭时只要将酒麹与酒饭拌和均匀就足够了，并不需要搅拌、拍打得如同糕状。京城酿酒时搅拌得分不出酒麹和酒饭，所以酿出的酒味太甜。酒麹不需要研磨得非常细，麹末细酿出的酒味就会甜美，麹粒粗酿出的酒味就硬辣。如果麹粒粗细不等，发酵就会不一致，酒味难以确定。大抵天冷时酒麹发酵得慢也不妨事，适宜用粗的麹粒，大约像骰子一样大。天暖时适宜用磨细的麹末，是需要使酒饭迅速发酵。大约每一斗米中使用八两大麹，一两小麹，就很容易发酵而不会出现闪失。两种麹要一起投到脚饭中，不能马上再加进生麹。即使是多次投饭的酒，也要将酒麹全部投进脚饭中，同时还要计算斤两。酒麹与酒饭拌和均匀之后，就放进瓮里。

瓮底先撒一层麹末，再预留四五两麹末撒盖在酒饭表面。将酒饭逐段排列垛放，然后用手紧按住瓮边，将周边的酒饭拍打结实。中间挖出一个坑来，取冲洗案上酒麹的浆水三升或五升多，待其稍稍温热时倒入坑中，并泼洒在醅面上，把它当做信水。但凡酿酒，必须是在刚五更时就着手，不能让酒见到阳光。这是一种过于严格的做法。投放酒饭的工序在东方还没发亮时就要做完，如果太阳出来了还没做完，造出的酒大多品质不佳。一昼夜后，先打开瓮，如果发现信水还没有渗完，就用草席将瓮围裹起来以保温。如果信水已经渗完，发酵得比较均匀，就用木耙搅动酒饭，之后再像以前一样盖好瓮，并不时地擦去瓮边出现的水珠。三天以后，用手试着按破醅面，如果感觉发得猛，就连底搅拌以使其均匀。如果还是很猛，随即摘分出一部分到别的瓮里，因为酴米贵在发酵不过度。同时另蒸甜酒饭后随即投饭，不可隔夜，因担心发过之后酵力变小，酿酒人称之为“摘脚”。

脚饭发酵得迅猛多由于温度高所致，大概两三天后酵母就会起作用。如果信水已经渗完，醅面中间鼓起并有裂纹，多的十来条，少的五、七条，就表明脚饭发得太猛了，必须抓紧分瓮以降低品温。大概冬季醅脚多些没有关系，夏季醅脚一定要少。如果信水没有渗完，醅面没有裂开，就属于发酵太慢，必须添加草席围裹酒瓮以促进发酵。等一两天以后，如果还是没有发酵，就用木勺从每一石醅中取出两斗多，往瓮里加入一斗蒸透的热酒饭后，再把取出的醅倾倒进瓮里，覆盖在热饭上，并用手按平。等一两天以后发酵开始，再根据后来加入的热酒饭来计算所需酒麹的量，加进瓮里一起搅拌均匀，然后等待发紧时按压醅面，这种方法称为“接醅”。如果投进脚饭后仍然发酵缓慢，就用热水浸热胳膊后，伸进瓮里搅拌，使脚饭冷热均匀。搅拌过程中胳膊要经常蘸热水，贵在持续借助于热气的效力。或者往容量为一两升的小瓶子里灌上热水，将瓶口密封后，放在瓮的底部，等到酒饭开始发酵，就赶紧拿掉，这种方法称为“追魂”。或者把瓮内的酒饭倒在案上，与蒸好的热酒饭拌和后，再放进瓮里并厚厚地覆盖上，间隔两夜之后，才开始搅拌。之后依照原来的方法盖紧瓮口，依照先后次序投饭，抹平，直到感觉瓮内逐渐形成酒醅，这种方法称为“搭引”。或者只往瓮中央加入一斗正发酵的脚饭，再拨动发得慢的醅盖在上面，第二天开始发酵后进行搅拌，也称为“搭引”。

造酒时脚饭发酵要适当，最忌讳发酵太慢，所以要千方百计地补救以帮助发酵。冬季把瓮放置在温暖的地方，用草席围裹起来，并加上麦秸、黍秆之类来保温，发酵过后醅变凉时去掉。夏季把瓮放置在不透热气的阴凉房屋深处。天气非常热时，白天不能掀开瓮盖。要用砖垫在底部把瓮架起，以避免地气侵入，这是最基本的规则。

蒸甜糜〔1〕

凡蒸酘糜，先用新汲水浸破米心，净淘，令水脉微透，庶蒸时易软。脚米走水淘，恐水透浆不入，难得酸。投饭不汤，故欲浸透也。然后控干，候甑气上，撒米。装甜米比醋糜松利，易炊。候装彻气上，用木篦、杴、箒掠拨甑周回生米在气出紧处。掠拨平整，候气匀溜，用篦翻搅。再溜气匀，用汤泼之，谓之"小泼"。再候气匀，用篦翻搅。候米匀熟，又用汤泼，谓之"大泼〔2〕"。复用木篦搅斡，随篦泼汤。候匀软稀稠得所，取出盆内，以汤微洒，以一器盖之。候渗尽，出在案上，翻梢三两遍，放令极冷。四时并同。其拨溜盘棹，并同蒸脚糜法〔3〕，唯是不犯浆，只用葱、椒，油、面比前减半，同煎白汤泼之，每斗不过泼二升。拍击米心，匀破成糜，亦如上法。

【注释】

〔1〕甜糜：用于再次投料的米饭，下文也称"酘糜"。

〔2〕大泼：蒸饭时浇温水一斗，此操作要取决于浸米后米粒是否能充分吸收水分。糯米吸水性强，吸水率高，如果浸米适当，蒸时一般不用再浇水。这里所说的"小泼""大泼"，更适用于蒸制粳米。

〔3〕并同蒸脚糜法：《蒸醋糜》："即用杴子搅斡盘折。"

【译文】

凡蒸再投的酒饭时，先用新打的井水浸透米心，淘净，使水能够浸透米，以便蒸米时容易变软。做脚饭的米只过水淘洗，是担心水透进后使酸浆不能透入，难以变酸。再投的饭不用热浆水浸泡，所以米需要浸透。然后控干，等甑中的蒸气上来后，撒装上米。蒸甜糜时装米要比蒸醋麋时松软，才更易蒸透。等装填好米、蒸气上来后，用木篦、米枚、炊帚之类工具把甑周围的生米拨到蒸气冒得猛的地方。掠拨平整米后，等蒸气顺畅均匀时，用木篦翻动搅拌。等到蒸气再次均匀时，用热水泼洒酒饭，名为“小泼”。再等到蒸气均匀时，用木篦翻搅。待米均匀地熟透以后，再一次用热水泼洒酒饭，称为“大泼”。之后还需用木篦搅拌，且随搅随洒热水。等到酒饭软烂均匀、稀稠适宜时，从甑里取出放到盆中，再洒上少量热水，用一个器皿盖上。等到水渗完，取出放在案上，翻搅两三遍，摊放到凉透。四季都一样。其搅拌翻折的方法，与蒸脚麋的方法相同，只是不用冷浆水，而用葱、椒，其油、面的用量也比之前减半，一同煎煮出白汤后泼洒在饭上，每斗米只泼二升。拍打米心，使其完全破碎软烂，方法也与前面的蒸醋麋法相同。

投醹[1]

投醹最要厮应，不可过，不可不及。脚热发紧，不分摘开，发过无力方投，非特酒味薄，不醇美，兼麹末少，咬甜糜不住，头脚[2]不厮应，多致味酸。若脚嫩[3]力小，酘早，甜糜冷不能发脱[4]，折断多致涎慢，酒人谓之“攧了”。须是发紧，迎甜便酘[5]。寒时四六酘，温凉时中停酘，热时三七酘[6]。酝法总论：天暖时，二分为脚一分投；天寒时，中停投；如极寒时，一分为脚二分投；大热或更不投。一法，只看醅脚紧慢加减投，亦治法也。若醅脚发得恰好，即用甜饭依数投之。若用黄米[7]造酒，只以醋糜一半投之，谓之脚搭脚，如此酝造，暖时尤稳。若发得太紧，恐酒味太辣，即添入米一二斗；若发得太慢，恐酒太甜，即添入麹三四斤，定酒味全在此时也。

四时并须放冷。《齐民要术》所以专取桑落时造者[8]，黍必令极冷故也。酘饭极冷，即酒味方辣，所谓偷甜也。投饭，寒时烂揉；温凉时不须令烂；热时只可拌和停匀，恐伤人气。北人秋冬投饭，只取脚醅一半于案上，共酘饭一处搜拌令匀，入瓮却以旧醅盖之。缘有一半旧醅在瓮。夏月脚醅须尽取出案上搜拌，务要出却脚糜中酸气。一法，脚紧案上搜[9]，脚慢瓮中搜，亦佳。

寒时用荐盖，温热时用席。若天气大热，发紧，只用布罩之，逐日用手连底掩拌，务要瓮边冷醅来中心。寒时以汤洗手臂助暖气，热时只用木杷搅之。不拘四时，频用托布[10]抹汗。五日已后，更不须搅掩也。如米粒消化而沸未止，麹力大，更酘为佳。《齐民要术》："初下用米一石，次酘五斗，又四斗，又三斗，以渐待米消即酘，无令势不相及。味足沸定为熟，气味虽正，沸未息者，麹势未尽，宜更酘之，不酘则酒味苦薄矣。""第四、第五、六酘用米多少，皆候麹势强弱加减之，亦无定法。""惟须米粒消化，乃酘之。"要在善候麹势，麹势未穷，米粒已消，多酘为良。世人云米过酒甜，此乃不解体候耳。酒冷沸止，米有不消化者，便是麹力尽也。

若沸止醅塌，即便封泥起，不令透气[11]。夏月十馀日，冬深四十日，春秋二十三四日可上槽[12]。大抵要体当天气冷暖与南北气候，即知酒熟有早晚，亦不可拘定日数。酒人看醅生熟，以手试之，若拨动有声，即是未熟；若醅面干如蜂窠眼子，拨扑有酒涌起，即是熟也。供御、祠祭，十月造，酘后二十日熟；十一月造，酘后一月熟；十二月造，酘后五十日熟。

【注释】

〔1〕投醹（rú）：用多次投饭来酿造醇厚的酒。现在称这种方法为"喂饭法"。醹，醇厚的酒。《说文·酉部》："醹，厚酒也。"

〔2〕头脚：头，指再投的饭。脚，指酒母，宋人称作脚饭。

〔3〕脚嫩：指脚饭未完全发酵。

〔4〕投饭过早时先投的饭未能完全酒化，再投的饭因糖分积累过高而导致酒化能力被抑制。

〔5〕迎甜便酘：一旦出现甜液，就可投饭。

〔6〕根据气温的高低决定脚饭及再投饭的比例。

〔7〕黄米：即黄色黍米，是由黍子 *Panicum miliaceum L* 去皮后加工成的。其淀粉及蛋白质等主要成分的含量均高于糯米，蒸煮时容易糊化，酿出的黄酒有独特的风味。我国北方黄酒的代表即墨老酒就是以黄米为原料酿造的。

〔8〕《齐民要术·造神麹并酒》"造神麹黍米酒方"："桑欲落时作，可得周年停。"这个时节酿造黄酒，容易掌握、调节合适的品温，其成品酒的保存期也比较长。

〔9〕从瓮里取出摊开搅拌，可以迅速降低品温，但容易招致杂菌的侵入。

〔10〕托布：类似于今天的抹布。

〔11〕多次投饭后，瓮内品温已与室温差不多，为避免酒精挥发、酵母衰老、杂菌侵入等，就要密封瓮口，进入后发酵阶段。

〔12〕上槽：放进木榨床压榨过滤。

【译文】

投醹的时机必须把握好，不能过头，也不能不到。当脚饭温度升高、发酵迅猛时，如果不及时分出一部分到别的瓮里，等到发酵势头过去、酵力微弱时再投饭，非但酒味淡薄，不够醇厚，更兼以麹末量少，不能与甜糜紧密结合，以致再投的饭与脚饭不适应，大多造成酒味酸。如果“脚嫩”酵力小，这时投饭则太早，会因甜糜温度过低而不能发酵，导致黏液产生较慢，酿酒人称这种现象为“撷了”。应该在发酵正迅猛、稍有甜味时就投饭。寒冷时按四六的比例投饭，温凉适宜时按对半的比例投饭，炎热时按三七的比例投饭。“酝法总论”称：天气温暖时，有二分脚饭的话只投一分饭；天气寒冷时，按对半的比例投；如果特别寒冷，有一分脚饭的话要投两分饭；特别炎热时抑或不再投饭。另一种方法是根据脚饭的发酵快慢来增减投饭的量，这也是一种处理方法。如果脚饭发得恰到好处，就把甜酒饭按不同的量投入。如果用黄米造酒，只需按醋糜一半的量投饭，这称为“脚搭脚”，像这样的酿造方法，天暖时尤其稳妥。如果发酵得太快，担心酒味太辣，就添加进一两斗米饭；如果发酵得太慢，担心酒味太甜，就添加进三四斤的酒麹，酒味的确定全在这个时候。

无论什么季节，再投的饭都需要放凉。《齐民要术》中之所以要专门在桑叶落时造酒，就在于蒸好的黍要摊得非常凉才行。投入的饭非常凉，酿出的酒味才会比较辣，这就是所谓的“取甜”。要投的饭，寒冷时要揉烂，温凉适宜时不需要烂，炎热时只需拌和均匀，以免沾染过多人的气息而导致酸败。北方人秋冬时投饭，只取出一半脚醅放在案上，与要投的饭一起拌和均匀，放入瓮之后，还要用原有的旧醅覆盖。因为有一半的旧醅还在瓮里。夏季要把脚醅全部取出放到案上搅拌，务必要去掉脚饭中的酸气。另一种方法是：脚饭发酵得快时在案上搅拌，发得慢时在瓮里搅拌，也是好办法。

寒冷时用荐覆盖瓮，温热时用草席覆盖瓮。如果天气非常热，发酵很猛，只用布把瓮罩上。每天用手连底搅拌，务必要把瓮周边温度低的凉醅翻搅到中间来。寒冷时用热水浸洗手和胳膊以帮助增加温度，炎热时只可用木耙搅拌。不论什么季节，都要经常地用抹布擦去瓮边出现的水珠。五天以后，就不需要再搅拌了。如果米粒已经消化，但还未停止冒泡，说明麹力还比较大，再投一次饭比较好。《齐民要术》中说：“第一次投饭要用一石米，第二次投五斗，再次投四斗，再次投三斗，依次减少。要在米饭已逐渐消化了时就接着投饭，不要让麹势接续不上。酒味够浓，发酵冒泡停止，就表明酒熟了。即使酒味已醇正，但冒泡还未停止时，表明麹势还没有发挥尽，应该再投些饭，如果不再投饭，酒味就会稍嫌苦薄。”“第四次、第五、第六次投饭时，用米饭的量的多少，都凭察候麹力的强弱程度来增减，也没有一定的规定。”“必须等米粒已消化了再投饭。”关键在于善于察候麹力，麹力未尽而米粒已经消化时，投的次数多为好。世人都说，米消化过了导致酒味太甜，这是不了解体察与看候的要领。当品温降低、冒泡停止，米也有了不消化的情况，就说明麹力已经完尽了。

如果停止冒泡且醅面塌陷，就用泥封上瓮口，使之不透气。夏季放十多天，深冬放四十天，春秋两季放二十三四天就可上槽榨酒了。一般只要体察天气的冷暖与南北方气候的差异，就会懂得酒熟有早晚的区别，不可以拘泥于特定的天数。酿酒的人看醅的生熟，用手来试探，如果拨动时有声音，就说明还未成熟；如果醅面很干，有蜂巢状的孔眼，拨动时有酒涌出来，就说明成熟了。供御用、祠祭用的酒，十月时酿造，投饭后二十天成熟；十一月酿造，投饭后一个月成熟；十二月酿造，投饭后五十天成熟。

酒　器

东南多瓷瓮，洗刷净，便可用。西北无之，多用瓦瓮[1]。若新瓮，用炭火五七斤，罩瓮其上，候通热，以油蜡遍涂之[2]。若旧瓮，冬初用时，须熏过。其法用半头砖铛脚[3]安放，合瓮砖上，用干黍穰文武火[4]熏。于甑釜上蒸，以瓮边黑汁出为度。然后水洗三五遍，候干用之。更用漆之尤佳。

【注释】

〔1〕瓦瓮：陶瓮。

〔2〕涂塞瓦瓮间的孔隙，以防止因渗漏而使瓮内的酒酸败。

〔3〕铛（chēng）脚：像铛的脚一样。铛，釜一类的炊具，有三足。

〔4〕文武火：文火，微火，小火。武火，大火，猛火。

【译文】

东南地区多有瓷瓮，洗刷干净后就能用。西北地区没有瓷瓮，大多用瓦瓮。如果是新瓮，需点燃五到七斤炭火，把瓮罩在上面，等到通体变热，用油蜡涂满瓮身。如果是旧瓮，初冬用的时候，必须经过熏烤。其方法是将三个半块砖头像“铛”脚一样摆放，把瓮放在砖上，再点燃干黍秆用文火、武火先后熏烤。在甑锅上蒸时，以瓮边渗出黑色的汁液为标准。然后用水刷洗三五遍，等干了以后使用。另外用漆涂过的更好。

上　槽[1]

造酒，寒时须是过熟，即酒清[2]数多，浑头白醅[3]少。温凉时并热时，须是合熟便压，恐酒醅过熟，又槽[4]内易热，多致酸变。大约造酒自下脚至熟，寒时二十四五日，温凉时半月，热时七八日，便可上槽。仍须匀装停铺，手安压板[5]，正下砧簟。所贵压得匀干，并无箭失。转酒入瓮，须垂手倾下，免见濯损酒味。寒时用草荐麦麴围盖，温凉时去了，以单布盖之。候三五日，澄折[6]清酒入瓶。

【注释】

〔1〕上槽：即将成熟的酒醪放入榨酒器械木榨床内进行压榨，分离酒液与酒糟。

〔2〕酒清：黄酒醪上层清澈、透明的酒液。

〔3〕浑头白醅：白色的浑浊沉淀物。

〔4〕槽：底本作“糟”，据《知不足斋丛书》本改。

〔5〕安：通“按”。压板：传统木榨床利用杠杆原理进行压榨，手按压板就能不费太多力气而将酒液压榨出来。

〔6〕澄折：在多个容器中反复倾倒、沉淀，以使酒液澄清的效果更好。

【译文】

天气寒冷时造酒必须是相当成熟才能压榨，即酒液的量多，浑浊的白色沉淀少。气候温凉时与炎热时，必须是刚刚成熟就进行压榨，这是担心酒醅过于成熟，兼以酒槽内温度比较高，容易导致酸败变质。大约造酒从制脚饭到成熟，寒冷时需要二十四五天，温凉时需要半个月，炎热时只需七八天，之后就可以上槽压榨。仍然需要装匀铺平，用手按压压板，力量直接作用于垫板上。榨酒贵在压得均匀干净，且不会流失。将酒装到酒瓮中时，必须垂下手倾倒，以免过于迸溅而有损酒味。寒冷时用草席、麦秸之类把瓮围裹、覆盖起来，温凉时去掉，用单层布覆盖。等待三五天之后，即可将澄清的酒液装入瓶中。

收　酒

上榨以器就滴，恐滴远损酒，或以小杖子[1]引下亦可。压下酒须先汤洗瓶器令净，控干。二三日一次，折澄去尽脚。才有白丝即浑，直候澄折得清为度，即酒味倍佳。便用蜡纸[2]封闭，务在满装。瓶不在大，以物阁起，恐地气发动酒脚，失酒味。仍不许频频移动。大抵酒澄得清，更满装，虽不煮，夏月亦可存留。内酒库水酒，夏月不煮，只是过熟，上榨澄清收。

【注释】

〔1〕小杖子：引导酒滴的小棍。

〔2〕蜡纸：表面涂蜡的纸，可以防潮、防水。

【译文】

上榨时把装酒器皿靠近滴下的酒滴，原因是怕酒滴的距离远有损酒味，或者用小杖子引导酒滴滴下也可以。压榨酒之前必须先用热水洗干净装酒器皿，并控干。然后两三天折澄一次，直到折尽酒糟。稍有白色絮状沉淀物，酒就会发浑，因此，必须以澄折得清亮为标准，酒味才会更好。随后用蜡纸封闭瓶口，酒必须要装满。瓶不一定非得要大，但下面要垫搁东西，以免地气上升侵蚀酒脚，使酒失味变质。装好的酒不能频繁地移动。大概酒澄得清，装得满，即使不煎煮，夏季也能保存一段时间。皇宫大内酒库酿造的水酒，夏天也不煎煮，只等酒醪发得相当成熟，才上榨压榨，澄清后收藏起来。

煮　酒[1]

凡煮酒，每斗入蜡[2]二钱、竹叶五片，官局[3]天南星丸[4]半粒，化入酒中，如法封系，置在甑中。第二次煮酒不用前来汤，别须用冷水下。然后发火，候甑箄上酒香透，酒溢出倒流，便揭起甑盖。取一瓶开看，酒衮[5]即熟矣。便住火，良久方取下，置于石灰中，不得频移动。白酒[6]须泼[7]得清，然后煮，煮时瓶用桑叶冥[8]之。金波兼使白酒麹，才榨下槽，略澄折二三日便蒸，虽煮酒亦白色。

【注释】

〔1〕煮酒：又称煎酒，是利用高温煎煮的方法灭菌、破坏残存的酶，以保证黄酒的生物稳定性，也能促进蛋白质的凝结，使黄酒色泽清亮；促进黄酒的老熟，提高酒的品质。

〔2〕蜡：即蜜蜡，用蜜蜂科昆虫中华蜜蜂 *Apis cerana Fabricius* 分泌的蜡质加工而成，有黄蜡和白蜡两种。

〔3〕官局：宋朝将药物纳入国家专卖，并由政府建立药局，负责制造和出售中成药。

〔4〕天南星丸：用天南星 *Arisaema consanguineum Schott* 的块茎为基原炮制出的成品药。

〔5〕衮：通“滚”。

〔6〕白酒：可能是一种颜色清亮发白的酿造酒，具体不详。现在所称的“白酒”是蒸馏酒，也称“烧酒”，一般认为始于元代。

〔7〕泼：当是“澄”字之讹。

〔8〕冥：通“幎”。覆盖。

【译文】

但凡煮酒，每斗酒放进二钱蜡、五片竹叶，再取半粒官局生产的天南星丸化进酒里，如常法将酒瓶封闭扎系起来，放在甑中。第二次煮酒不用前一次的热水，必须另用凉水上甑。然后开始烧火，等到甑箅上透出酒的香味，酒液也溢出倒流，就掀开甑的盖子。取一瓶打开来看，酒液翻滚沸腾就说明煮熟了。随即停火，过较长时间之后才取出来放到石灰里，不能频繁移动。“白酒”应该澄折得清亮，然后煎煮，煮时用桑叶盖住酒瓶。兼用金波麹与白酒麹酿的酒，上槽压榨后取下，稍微澄折两三天后就蒸煮，即使经过蒸煮，酒色还是白的。

火迫酒

取清酒澄三五日后，据酒多少，取瓮一口。先净刷洗讫，以火烘干，于底旁钻一窍子，如筋粗细，以柳屑子定。将酒入在瓮，入黄蜡[1]半斤，瓮口以油单子[2]盖系定。别泥一间净室，不得令通风，门子可才入得瓮。置瓮在当中间，以砖五重衬瓮底。于当门里着炭三秤[3]，笼令实，于中心着半斤许熟火[4]。便用闭门，门外更悬席帘，七日后方开，又七日方取吃。

取时以细竹子一条，头边夹少新绵。款款抽屑子，以器承之。以绵竹子遍于瓮底搅，缠尽着底浊物，清即休缠。每取时，却入一竹筒子，如醋淋子，旋取之，即耐停不损，全胜于煮[5]酒也。

【注释】

〔1〕黄蜡：蜜蜡的一种，参见《煮酒》注释〔2〕。

〔2〕油单子：用油涂过的布，可以防湿。

〔3〕秤：古时十五斤为一秤。

〔4〕熟火：木炭烧透后的文火。

〔5〕煮：底本作“渚”，据《知不足斋丛书》本改。

【译文】

将酒液沉淀三五天后，按照酒的多少选择一口大小合适的瓮。先刷净洗好，用火烘干，在瓮底旁边钻一个像筷子粗细的孔，用柳木塞子塞住。之后把酒倒进瓮里，并放入半斤黄蜡，再用油单盖上瓮口并扎系好。另外涂堵好一间干净的房屋，不能透风，房门的大小约能放进瓮即可。把瓮放在屋中间，用五层砖垫在瓮底。在屋内对着门的地方放置三秤木炭，堆积紧实，在堆中心处点燃半斤左右炭的熟火。之后就紧闭房门，门外再挂上席帘，七天以后才打开，再过七天才取出酒来饮用。

取酒时先准备一根一头夹着少许新棉花的细竹条。慢慢地抽出瓮底的木塞，用器皿接住流出的酒。然后再用夹棉的竹条遍搅瓮底部，把瓮底沉淀的浑浊物全部缠绕在竹条上，酒液变清就停止搅绕。每当取酒时，都使用像舀醋的“淋子”一样的竹筒，迅速取出，会使酒比较耐存放而无损于酒的品质。这种酒的品质完全超过了煎煮的酒。

曝酒法

平旦[1]起，先煎下甘水[2]三四升，放冷，着盆中。日西，将衠[3]正纯糯一斗，用水净淘至水清，浸良久方漉出，沥令米干。炊再馏[4]饭，约四更饭熟，即卸在案卓上，薄摊，令极冷。昧旦日未出前，用冷汤二碗拌饭，令饭粒散不成块。每斗用药[5]二两，玉友、白醪、小酒、真一麹同。只槌碎为小块并末，用手糁拌入饭中，令粒粒有麹，即逐段拍在瓮四畔，不须令太实。唯中间开一井子，直见底，却以麹末糁醅面，即以湿布盖之。如布干，又渍润之。常令布湿，乃其诀也，又不可令布大湿，恐滴水入。

候浆[6]来，井中满，时时酌浇四边，直候浆来极多，方用水一盏，调大酒麹一两，投井浆中。然后用竹刀界醅作六七片，擘碎番转，醅面上有白衣，宜去之。即下新汲水二碗，依前湿布罨之，更不得动。少时自然结面[7]，醅在上，浆在下。即别淘糯米，以先下脚米算数。天凉对投，天热半投。隔夜浸破米心，次日晚西炊饭放冷，至夜酘之。再入药二两。取瓮中浆来拌匀，捺在瓮底，以旧醅盖之，次日即大发。

候酘饭消化，沸止方熟，乃用竹篘[8]篘之。若酒面带酸，篘时先以手掠去酸面，然后以竹篘插入缸中心取酒。其酒瓮用木架起，须安置凉处，仍畏湿地。此法夏中可作，稍寒不成。

【注释】

〔1〕平旦：清晨。

〔2〕甘水：即“甜水”。

〔3〕衠（zhūn）：纯粹。

〔4〕再馏：复蒸，再蒸一次。
〔5〕药：加入中草药制成的酒麹，现在也称为酒药。
〔6〕浆：此指甜液，也叫“酿液”。
〔7〕结面：冲缸操作后瓮内醪液形成的醪盖。
〔8〕竹篘（chōu）：用竹编成的滤酒器具。

【译文】

清晨起来先煎煮好三四升的甜水，放凉之后倒进盆里。傍晚时，把一斗纯正的精糯米用水淘洗干净，直到水清为止，然后再浸泡较长时间后滤掉水，并控干。蒸过饭后再重蒸一次，大约到四更时饭蒸熟后，就倒在案上，摊薄，使饭非常凉。黎明时分太阳升起前，用两碗凉开水拌饭，把饭粒打散没有结块。每斗饭用麹药二两，玉友麹、白醪麹、小酒麹、真一麹都一样。只需将酒麹捣成小块，并研成细末，用手撒拌进饭里，保证每粒米都沾上酒麹后，就逐段拍在瓮内四周，不需要拍得太结实。只在饭中间留出一个直达瓮底的窝，再往米饭上撒些麹末，就用湿布盖上。如果布干了，就再浸湿。使布长久保持湿润，是其要诀，但又不能让布太湿，以免水滴进去。

当甜液出现、注满窝里时，不时舀取甜液泼洒在四周的饭里。直到甜液非常多了，才用一碗水调和一两大酒麹，倒在窝里的甜液中。然后用竹刀把醅划分为六七块，劈碎翻转。醅面上有白色的菌衣，最好去掉。随即倒入两碗新打的井水，依照前面的方法用湿布遮盖起来，更不能移动。过不久，醅面会自然凝结住，这时醅盖在上部，醪液在下部。随即另外淘洗糯米，以先前投作脚饭的米的多少来估算数量。天凉时按与脚饭同样的比例投米，天热时按一半的比例投米。然后隔夜浸泡，将米心浸透，第二天傍晚蒸好饭放凉，到了夜里投饭。投饭时再加入麹药二两。取出瓮中的醪液与饭拌和均匀，按在瓮底，用原来的旧醅覆盖上，第二天就会迅速发酵。

等投进的饭消化完，也不再冒泡，酒才成熟，即用竹篘过滤。如果酒醅表面还带有酸味，过滤时先用手拨掉酸醅面，然后把竹篘插进酒瓮的中间取酒。酒瓮要用木头架起，且必须安放在阴凉的地方，忌讳潮湿的地面。这种酿造方法只可以在夏季使用，稍微寒冷就不能用。

白羊酒

腊月取绝肥嫩羯羊[1]肉三十斤，肉三十斤，内要肥膘[2]十斤。连骨使水六斗已来，入锅煮。肉令极软，漉出骨，将肉丝擘碎，留着肉汁。炊蒸酒饭时，匀撒脂肉于饭上，蒸令软，依常盘搅，使尽肉汁六斗。泼饙了，再蒸良久，卸案上，摊令温冷得所。拣好脚醅，依前法酘拌，更使肉汁二升以来。收拾案上及充压面水[3]，依寻常大酒[4]法日数，但麹尽于酴米中用尔。一法，脚醅发只于酘饭内，方煮肉，取脚醅一处搜拌入瓮。

【注释】

〔1〕羯（jié）羊：阉割过的羊。

〔2〕肥膘：肥肉。

〔3〕充压面水：《知不足斋丛书》本作“元压面水”，具体不详。

〔4〕大酒：宋人称酒在冬天腊月酿蒸，到夏天成熟的酒为“大酒”。见《宋史·食货志下》。

【译文】

腊月里选取非常肥嫩的羯羊肉三十斤，三十斤羊肉里要有十斤肥肉。连同骨头一起加六斗多的水放进锅里煮。煮到肉非常软烂时，捞出骨头，将肉切丝剁碎，肉汤要留着。蒸酒饭时，将羊肉均匀地撒在饭上，蒸软后，依照平常的方法绕圈搅拌，把六斗的肉汤都拌和进去。泼饙之后再蒸一段时间，然后倒在案子上，摊到凉热适宜。挑选优质的脚醅，依照之前的方法投饭搅拌，拌时再倒入二升多的肉汤。收拾案上及“充压面水”，依照平常酿造大酒的方法及时间，只是酒麹全在“酴米”的过程中使用。另一种方法是，让脚醅只在准备再投的饭内发酵，煮好肉时，取脚醅一起拌和后放进瓮里。

地　黄　酒

地黄[1]择肥实大者。每米一斗，生地黄一斤。用竹刀切，略于木、石臼中捣碎，同米拌和，上甑蒸熟，依常法入酝。黄精[2]亦依此法。

【注释】

〔1〕地黄：玄参科植物地黄 *Rehmannia glutinosa (Gaertn.) Libosch* 的根茎。性寒，味甘苦。根据炮制方法的不同分为鲜地黄、干地黄、熟地黄等。鲜地黄又名生地黄。

〔2〕黄精：百合科植物黄精 *Polygonatum sibiricum Redoute.* 的根茎。性平，味甘。明高濂《遵生八笺》中有“黄精酒”的酿造法：“用黄精四斤，天门冬去心三斤，松针六斤，白术四斤，枸杞五斤，俱生用。纳釜中以水三石煮之一日，去渣，以清汁浸麹，如家酝法。酒熟取清任意食之。主除百病，延年，变须发，生齿牙，功妙无量。”

【译文】

挑选肥壮种大的地黄。每一斗米，加入鲜地黄一斤。用竹刀切块，粗略地在木质或石质的臼中捣碎，同米一起拌和后，放进甑里蒸熟，之后依照常规的方法酿造。黄精酒的酿造也依照这个办法。

菊花酒

九月取菊花曝干揉碎，入米饙中蒸，令熟。酝酒如地黄法。

【译文】

九月时选取菊花晒干揉碎，拌入米饙中蒸熟。酿造的方法和地黄酒相同。

酴 醾 酒

七分开酴醾[1]，摘取头子，去青萼，用沸汤绰[2]过，纽干。浸法酒一升，经宿，漉去花头，匀入九升酒内。此洛中[3]法。

【注释】

〔1〕酴醾（tú mí）：也作“酴醿”、“酴䤁”，原指一种重酿酒。宋钱易《南部新书》卷二：“新进士则于月灯阁置打球之宴，或赐宰臣以下酴醾酒。注：即重酿酒也。”后来指一种颜色黄似酴醾酒的蔷薇科落叶灌木 *Rubus rosaefolius var. coronarius*。宋张邦基《墨庄漫录》卷九《酴醾花咏》条：“酴醾花，或作荼蘼，一名木香。有二品，一种花大而棘、长条而紫心者为酴醾，一品花小而繁、小枝而檀心者为木香。”

〔2〕绰（chāo）：通“焯”。放在开水里略微一煮即捞起来。

〔3〕洛中：洛阳。

【译文】

取只开了七分的酴醾花，摘取顶端的花头，去掉青色的花萼后，用沸水焯一下，再扭干。浸到一升法酒中，经过一夜后，捞出花头，把酒匀进九升酒里。这是洛阳地区的方法。

蒲萄酒法

酸米入甑，蒸气上。用杏仁五两，去皮、尖。蒲萄[1]二斤半，浴过干，去子皮。与杏仁同于砂盆内一处，用熟浆三斗，逐旋研尽为度，以生绢滤过。其三斗熟浆[2]泼饭软，盖良久，出饭，摊于案上。依常法候温，入麹搜拌。

【注释】

〔1〕蒲萄：同“葡萄”。

〔2〕熟浆：煎熟的酸浆。

【译文】

将浸泡后的酸米放进甑里，蒸到气上来。取五两杏仁，去掉皮和尖。二斤半葡萄，洗过晾干，去掉核与皮。将两者一起放入砂盆内，加进三斗熟浆，转着圈研磨到极细，再用生绢过滤。滤出的三斗熟浆泼洒到饭上，待饭变软，覆盖较长一段时间后，将饭取出，摊到案上。依照常规的方法降温，加入酒麹搅拌。

猥 酒

每石糟，用米一斗煮粥，入正发醅一升以来，拌和糟，令温。候一二日，如蟹眼〔1〕发动，方入麹三斤、麦蘖末四两，搜拌盖覆。直候熟，却将前来黄头并折澄酒脚倾在瓮中打转，上榨。

【注释】

〔1〕蟹眼：发酵醪中冒出的仿佛螃蟹眼睛的小气泡。

【译文】

每一石酒糟加入一斗米，煮成粥，再加进一升多正在发酵的醅，与糟拌和，使其温度升高。等一两天，当醅中有像蟹眼一样的气泡冒出、开始发酵时，才加进三斤酒麹和四两麦麹末，搅拌之后覆盖好。一直等到醅液成熟，把刚开始时出现的淡黄色酒液与折澄后的酒糟一起倾倒在瓮里，转着圈搅拌后，上槽进行压榨。

神仙酒法[1]

武陵桃源酒法

取神麴[2]二十两，细剉如枣核大，曝干。取河水一斗，澄清，浸待发。取一斗好糯米，淘三二十遍令净，以水清为度[3]。三溜炊饭，令极软烂，摊冷，以四时气候消息之。投入麴汁中，熟搅令似烂粥。候发，即更炊二斗米，依前法更投二斗。尝之其味或不似酒味，勿怪之。候发，又炊二斗米投之。候发，更投三斗。待冷，依前投之，其酒即成。如天气稍冷，即暖和。熟后三五日，瓮头有澄清者，先取饮之，蠲除[4]万病，令人轻健，纵令酣酌无所伤。此本于武陵桃源[5]中得之，久服延年益寿，后被《齐民要术》中采缀编录，时人纵传之，皆失其妙。此方盖桃源中真本也。

今商量以空水[6]浸麴末为妙。每造一斗米，先取一合[7]以水煮，取一升，澄取清汁，浸麴待发。经一日，炊饭候冷，即出瓮中，以麴熟和，还入瓮内。每投皆如此，其第三、第五皆待酒发后经一日投之。五投毕，待发定讫，更一两日，然后可压漉，即滓太半化为酒[8]。如味硬，即每一斗酒蒸三升糯米，取大麦麴蘖一大匙，神麴末一大分，孰搅和，盛葛袋[9]中，内入酒瓶，候甘美即去却袋。

凡造诸色酒，北地[10]寒，即如人气投之；南中[11]气暖，即须至冷为佳，不然则醋矣。已北造往往不发，缘地寒故也。虽料理得发，味终不堪。

但密泥头，经春暖后，即一瓮自成美酒矣。

【注释】

〔1〕这一部分可能是朱肱从其他书中采录的酿酒方法，间或有自己的

见解。

〔2〕神麴：糖化、酒化能力强的一类酒麴。

〔3〕底本脱“度”字，据四库本补。

〔4〕蠲（juān）除：清除。

〔5〕武陵桃源：武陵郡，汉高祖时设，辖境在今湖南省常德市一带。其辖下有武陵县，北宋初改为桃源县。晋陶渊明《桃花源记》中曾以此为背景虚构了一个与世隔绝的理想世界。

〔6〕空水：按照下文的解释，是用少量的米煮出米汤，再经沉淀而得到的煮米水。

〔7〕合：古容量单位，十合为一升，一合当今 67 毫升。

〔8〕经过多次喂饭、加麴、加水，酵母能保持长久的活力，因而出酒率高，出糟率低。

〔9〕葛袋：用豆科植物葛 *Pueraria lobata (Willd.) Ohwi* 的茎纤维编织的葛布制成的袋子。

〔10〕北地：泛指北方地区。

〔11〕南中：泛指南方地区。

【译文】

取二十两神麴，细细地剉成枣核大的小块，晒干。取一斗河水澄清，用来浸泡神麴，以待发酵。取一斗优质糯米，淘洗二三十遍，使之洁净，以淘洗的水清为标准。酒饭蒸煮三次，使之非常软烂，摊凉，其温度根据四季气候的不同来把握。之后投进麴汁里，仔细地搅拌，使之成为仿佛烂粥的糊状。等到开始发酵，就再蒸两斗米，依照前面的方法再投饭两斗。如果品尝起来味道似乎不像酒，先不要奇怪。等到又开始发酵，再蒸两斗米投进去。等到再发酵，再投三斗饭进去。当品温下降，依照之前的量再投饭一次，酒就酿成了。如果天气稍冷，就要适当保温。酒熟后三五天，瓮内上部会有澄清的酒液，先取出饮用，能祛除各种疾病，令人身轻体健，即使畅饮也不会对身体有什么伤害。这种酿法本来是从武陵桃源中得来的，长久服饮能够延年益寿，后来被《齐民要术》采择编录进去，现在的人即使传承这种酿法，但其玄妙之处却都失传了。这里举出的酿酒法大概是桃源中的真本。

现在估计是用煮米水浸泡麴末的办法会更好。每用一斗米酿酒，先取一合米加水煮，然后将其中的一升澄取清液，用来浸麴，等待发酵。一天之后，再蒸要投的饭并摊凉，把脚饭从瓮里取出来，与麹仔细拌和后，仍放回瓮里。每次投饭的过程都是这样，其中第三次、第五次投饭都要等发酵后隔一天再投。五次投饭之后，等到发酵完成，再过一两天，就可以进行压榨过滤——这样大多数的酒糟都化成酒了。如果酒味硬辣，就每造一斗酒蒸三升糯米，取一大勺麦麹和一大分神麹末与饭细细搅拌后盛进葛袋里，再收入酒瓶内，等酒味变得甜美后，把葛袋去掉。

但凡酿造各类酒时，北方气候寒冷，就等品温如人的体温时再投饭；南方气候暖热，必须品温非常低才好，不然的话酒就会酸败。更往北的地区造酒往往不能发酵，是因为那些地方太过寒冷。即使照料得发酵了，酒味也终究很差。

酒收进瓮后，用泥密封好瓮口，经历春暖之后，就自然变成一瓮美酒了。

真人变髭发方

糯米二斗。净簸择，不得令有杂米。

地黄[1]二斗。其地黄先净洗，候水脉尽，以竹刀切如豆颗大，勃堆叠二斗，不可犯铁器[2]。

母姜[3]四斤。生用。以新布巾揩之，去皮，须见肉，细切秤之。

法麹[4]二斤。若常麹四斤。捣为末。

右取糯米，以清水淘令净，一依常法炊之，良久，即不饙。入地黄、生姜相重炊，待熟，便置于盆中，孰搅如粥。候冷，即入麹末，置于通油瓷瓶、瓮中酝造，密泥头，更不得动。夏三十日，秋冬四十日。每饥即饮，常服尤妙。

【注释】

〔1〕地黄：此处为鲜地黄。

〔2〕不可犯铁器：《重修政和类证本草》卷六《地黄》条引《雷公炮炙论》："勿令犯铜铁器，令人肾消并白发，男损荣，女损卫也。"

〔3〕母姜：姜科植物姜 *Zingiber officinale* Rosc. 的根茎。《本草纲目》卷二十六《生姜》条："初生嫩者其尖微紫，名紫姜，或作子姜，宿根谓之母姜也。"

〔4〕法麹：酿制法酒所用的酒麹。

【译文】

糯米二斗。簸过，挑净，不能有杂米。

地黄二斗。地黄先洗干净，等水控干，用竹刀切成豆粒般大小，堆积起二斗，不能沾染铁器。

母姜四斤。用生的。用新抹布擦拭干净后去掉皮，必须使肉露出来，细细地切碎后再上秤称。

法麴二斤。如果是普通麴用四斤。捣成细末。

将上述糯米用清水淘洗干净，按照普通方法蒸饭，蒸的时间长一些，就不再往米饭上浇热水了。加入地黄、生姜后重新蒸饭，待其蒸熟，就放入盆里，细细地搅成糊状。等冷却之后，便加入麴末，然后放进全釉的瓷瓶、瓮里酿造，泥好瓮口使之密闭，更不得随便移动。夏季酿造三十天，秋冬季节酿造四十天。每当饥饿的时候就可饮用，经常饮用则更好。

妙理麴法

白面不计多少。先净洗辣蓼，烂捣，以新布绞取汁。以新刷箒洒于面中，勿令太湿，但只踏得就为度。候踏实，每个以纸袋挂风中，一月后方可取。日中晒三日，然后收用。

【译文】

取些白面，不计算数量多少。先洗干净辣蓼，捣烂后用新布绞出汁液。再用新的刷帚蘸取辣蓼汁洒入面中，不要太湿，只要能够踏成麴坯就行。等踏踩坚实后，每块麴坯都用纸袋装起迎风悬挂，一个月后才可取下。在太阳底下曝晒三天，然后收起来使用。

时中麹法

每菉豆[1]一斗，拣净、水淘，候水清，浸一宿，蒸豆极烂，摊在案上，候冷。用白面[2]十五斤，辣蓼末一升。蓼曝干，捣为末。须旱地上生者，极辣。豆、面，大斗用大秤[3]，省斗用省秤[4]。将豆、面、辣蓼一处拌匀，入臼内捣，极相乳入。如干，入少蒸豆水，不可太干，不可太湿，如干麦饭[5]为度。用布包，踏成圆麹，中心留一眼，要索穿，以麦秆穰草罨一七日。先用穰草铺在地上，及用穰草系成束，排成间，起麹令悬空。取出，以索穿，当风悬挂，不可见日，一月方干。用时每斗用麹四两，须捣成末，焙干用。

【注释】

〔1〕菉豆：即绿豆 *Phaseolus radiatus L.*。

〔2〕白面：底本作"白麹"，据《知不足斋丛书》本改。

〔3〕大斗用大秤：大斗，即"加斗"，北宋杭州一带使用的有加一斗、加四斗等不同容积。大秤，称量高于标准官秤，是主要在宋朝民间使用的一种秤制。

〔4〕省斗用省秤：省斗，宋代地方官府制定的一种容积不够足量标准的量器。有七升半斗、八十三合斗等不同容积。元方回《续古今考》卷十九："东南斗有官斗，曰省斗。一斗，百合之七升半。"省秤，称量低于标准官秤的一种秤。元方回《续古今考》卷十九："官司省秤十六两，计一百六十钱重。"

〔5〕干麦饭：麦仁蒸成的干饭。

【译文】

每一斗绿豆，择拣干净，用水淘洗，淘到水清，再浸泡一夜后，将豆蒸到非常烂，摊在案子上，待其冷却。另取十五斤白面，一升辣蓼末。辣蓼晒干，捣成末。必须是生长在旱地上的，这种非常辣。绿豆、白面，大斗用大秤称，省斗用省秤称。将绿豆、白面和辣蓼一起拌和均匀，放进臼内捣烂，直至相互融合。如果太干，加进少许蒸豆的水，总之不能太干，不能太湿，以接近干麦饭的程度为标准。用布包裹起来，踏踩成圆形麴坯，中间留出一个孔，以用来穿绳，再用麦秆、穰草掩盖存放七天。先把穰草铺在地上，再把穰草捆扎成束，排成间隔，使麴坯不直接接触地面。取出麴坯后，用绳子穿起迎风悬挂，不能见太阳，一个月才会晾干。用时每斗米用四两麴，必须捣成麴末，烘干之后使用。

冷泉酒法

每糯米五斗，先取五升淘净蒸饭。次将四斗五升米淘净，入瓮内。用梢箕[1]盛蒸饭五升，坐在生米上，入水五斗浸之。候浆酸饭浮，约一两日。取出，用麹五两拌和匀，先入瓮底。次取所浸米四斗五升，控干，蒸饭，软硬得所，摊令极冷。用麹末十五两，取浸浆，每斗米用五升拌，饭与麹令极匀，不令成块，按令面平，罨浮饭在底，不可搅拌。以麹少许糁面。用盆盖瓮口，纸封口缝两重，再用泥封纸缝，勿令透气。夏五日，春秋七八日。

【注释】

〔1〕梢箕：也作"筲箕"、"籓箕"，竹篾编成的勺形盛米器。元王祯《东鲁王氏农书》农器图谱集之八《籓》："南方用竹，北方用柳，皆漉米器，或盛饭。所以供造酒食，农家所先。"

【译文】

每五斗糯米，先取其中五升淘洗干净蒸成酒饭。再将剩馀的四斗五升米淘洗干净，放进瓮里。用梢箕盛蒸好的五升米饭，放在生米之上，加五斗水浸泡。等到米浆变酸、饭粒上浮时，大约一两天后。将饭取出来，加入五两麹拌和均匀，并放在瓮底。再把浸泡好的四斗五升生米取出，控干水，蒸成软硬适宜的酒饭，摊到特别凉。然后加入麹末十五两，再取浸米的浆水，按照每斗米用五升的比例拌和，饭与麹要拌和得非常均匀，不能结块，入瓮后用手按压以使表面平整，把原来上浮的饭粒压盖在底部，不能搅拌。再把少许麹末撒在面上。之后用盆盖住瓮口，又用两层纸封住口缝，再用泥封住纸的缝隙，不能透气。夏季五天，春秋季七八天就酿好了。

附录一

续添麹法

酴醾麹　华亭麹造思春堂　清水麹造云腴

麸麹造云腴并合醇用　琼液麹

——商务印书馆排印张宗祥钞本《说郛》卷四十四

酝造酒法

思春堂酒
秋前麹酒
蓝桥麹法
菉豆麹法
清泉麹法
银光麹法
麦麹法
白酒麹法
琼浆麹法
芙蓉麹法
玉露麹法
木豆麹法
木香麹法
羊羔酒法
雪花肉酒法
云腴酒
银皮麹法
玉浆麹法
莲花麹法
相州碎玉法
碧香麹法
真珠麹法
莲花白麹法
石室郑家麹法
竹叶青麹法
玉醅麹法
清泉麹法
冷仙麹法
耀州谭道士传溪麹法
酥酴酒法
琼液酒
石室麹法
面麹法
香药麹法
姜麹法
双投酒法
醉乡奇法
和州公库白酒麹法
三拗麹法
南安库宜城麹法
玉液麹法
岷州大潭县麹法
四明碧霄酒麹法
蜜酒法

——商务印书馆排印张宗祥钞本《说郛》卷四十四

附录二　传记

朱肱传

朱肱，字翼中一作亦中，归安人《泊宅编》，元祐三年进士《谈志》。喜论医，尤深于伤寒。在南阳时，太守盛次仲疾作，召肱视之，曰："小柴胡汤证也。"请并进三服，至晚乃觉满。又视之，问所服药安在，取以视之，乃小柴胡散也。肱曰："古人制㕮咀，谓剉如麻豆大，煮清汁饮之，名曰汤，所以入经络，攻病取快。今乃为散，滞在鬲上，所以胃满而病自若也。"因依法旋制，自煮以进二服，是夕遂安。因论经络之要，盛君立赞成书，盖潜心二十年而《活人书》成。尝过洪州，闻名医宋道方在焉，因携《活人书》就见。宋留肱款语，坐中指驳数十条，皆有考据，肱惘然自失，即日解舟去《泊宅编》。属朝廷大兴医学，求深于道术者为之。官师起肱为医学博士，坐书东坡诗贬达州，以宫祠还。侨居西湖上《北山酒经诗序》。

——清陆心源《宋史翼》卷三十八

附录三　序跋

读《北山酒经》

[宋]李　保

大隐先生朱翼中，壮年勇退，著书酿酒，乔居西湖上而老焉。属朝廷大兴医学，求深于道术者为之官司，乃起公为博士，与予为同僚。明年，翼中坐书东坡诗贬达州。又明年，以宫祠还。未至，予一夕梦翼中相过，且诵诗云："投老南还愧转蓬，会令净土变炎风。由来只进杯中物，万事从渠醉眼中。"明日理书帙，得翼中《北山酒经》，法而读之，盖有"御魑魅于烟岚，转炎荒为净土"之语，与梦颇契。予甚异，乃作长诗以志之。他时见翼中，当以是问之，其真梦乎？非耶？政和七年正月二十五日也。

赤子含德天所钧，日渐月化滋浇淳。惟帝哀矜悯兹民，为作醪醴发其真。炊香酿玉为物春，投醽酴米授之神。成此美禄功非人，酣适安在味甘辛。一醉径与羲皇邻，薰然刚愎皆慈仁。陶冶穷愁孰知贫，颂德不独有伯伦。先生作经贤圣分，独醒正似非全身。全德不许世人闻，梦中作诗语尔亲。不愿万户误国恩，乞取醉乡作封君。

焦竑跋

乙卯秋，同昆陵徐士彰寻买旧书，得十数种以归，《酒经》其一也。《酒经》不著撰人姓名，读之知其酝藉风流人也。癸未读田子艺《留青日札》，载宋大隐朱翼中《北山酒经》三卷，中节钞数十则，因校订若干字。然又有李保《续北山酒经》一卷，前者更有汉汝阳王琎《甘露经》，王绩追焦革酿法为《酒经》，又采仪狄、杜康以来善酿者为《酒谱》，窦子野亦有《酒谱》。《宋志》:《酒录》一卷、《白酒方》一卷、《食图四时酒要方》一卷、《藏酿方》一卷、刘炫《酒孝经》一卷、《贞元饮略》三卷、胡氏《醉乡小略》五卷、皇甫崧《醉乡日月》三卷。近田子父汝成亦有《醉乡律令》一卷。何时并得之，备一家之言，亦快事也。是岁长至前三日弱侯记。

胡之衍合刻《酒经》《觞政》跋

程幼舆既梓朱翼中《酒经》三卷，予复取袁石公《觞政》及东皋子《醉乡记》附之，以供好事者赏阅。夫《酒经》之言造曲、投醹、卧浆、酿酝诸法，即仪狄、杜康复起，不异是矣，予又何益焉？盖酒之为用大哉，享天地、礼百神、成嘉会、和宾主，以至绮筵欢笑、花月闲吟、山翁独酌、渔父浩歌，无非发越。《酒经》于此，犹多阙略。如东皋子纯于酒德，游乎醉乡，与道为一；袁石公豪风逸韵，程法有章，畅饮虽酣，其仪不忒。弘谟雅度，二公该之，取以附益，庶几乎合弱侯焦太史备一家言、诚快事之意耳。若夫能酿而不知饮趣者，酒工也；有饮韵而不得酿法者，则无以尽其豪迈之兴也；有饮韵而复得酿法，是谓酒之全人。与酒为一，直将狭小天地，目空今古，岂第醉花醉月、浇其胸中礧磈而已哉！数公虽相异世，精英灵韵，千载神符，犹之连环合璧，意趣天成。目曰酒中仙圣，良非虚语矣。时万历乙卯孟夏天都酒人胡之衍书。

钱谦益跋

《酒经》一册，乃绛云未焚之书，五车四部尽为六丁下取，独留此经，天殆纵余终老醉乡，故以此转授遵皇，令勿远求罗浮铁桥下耶？余已得修罗采花法酿仙家烛夜酒，视此经又如馀杭老媪家油囊俗谱耳。辛丑初夏蒙翁戏书。

吴翌凤跋

右《北山酒经》三卷，大隐先生朱翼中撰。翼中不知何郡人，政和七年医学博士李保题诗其后序言：翼中“壮年勇退，著书酿酒，侨居西湖上”。朝廷起为医学博士，“明年，坐东坡诗贬达州。又明年，以宫祠还”云云。此册为玉峰门生徐瓒所赠，犹是述古堂旧藏。戊戌九月廿四日雨窗翻阅，偶记于此。漫士翌凤。

鲍廷博跋

右《北山酒经》三卷，宋吴兴朱肱撰。肱字翼中，元祐戊辰李常宁榜登第，仕至奉议郎直秘阁。归寓杭之大隐坊，著书酿酒，有终焉之志，无求子、大隐翁皆其自号也。潜心仲景之学，政和辛卯遣子遗直赍所著《南阳活人书》上于朝。甲午起为医学博士，旋以书东坡诗贬达州，逾年以朝奉郎提点洞霄宫召还。此书有“流离放逐”及“御魑魅”、“转炎荒”之语，似成于贬所，而题曰“北山”者，示不忘西湖旧隐也。《活人书》当政和间京师、东都、福建、两浙凡五处刊行，至今江南版本不废。是书虽刻于《说郛》及《吴兴艺文志补》，然中下两卷已佚不存。吴君伊仲喜得全本，麴方、酿法粲然备列，借登枣木以补《齐民要术》之遗。较之窦苹《酒谱》徒摭故实而无裨日用，读者宜有华实之辨焉。肱祖承逸，字文倦，归安人。为本州孔目，好善乐施，尝代人偿势家债钱三百千，免其人全家于难。庆历庚寅岁饥，以米八百斛作粥，活贫民万人。父临，历官大理寺丞，尝从安定先生学，为学者所宗。兄服，熙宁六年进士甲科，元丰中擢监察御史里行。章惇遣袁默、周之道见服，道荐引意，服举劾之。绍圣初，拜礼部侍郎，出知庐州。坐与苏轼游，贬海州团练副使，蕲州安置。改兴国军，卒。于肱盖有二难之目云。乾隆乙巳六月既望，歙鲍廷博识于知不足斋。

《四库全书总目 · 子部 · 谱录类 · 北山酒经》提要

宋朱翼中撰。陈振孙《书录解题》称大隐翁，而不详其姓氏。考宋李保有《续北山酒经》，与此书并载陶宗仪《说郛》。保自叙云，大隐先生朱翼中，著书酿酒，侨居湖上。朝廷大兴医学，起为博士。坐书东坡诗，贬达州。则大隐固翼中之自号也。是编首卷为总论，二、三卷载制麹造酒之法颇详。《宋史·艺文志》作一卷，盖传刻之误。《说郛》所采仅总论一篇，馀皆有目无书，则此固为完本矣。明焦竑原序称，于田氏《留青日札》中考得作者姓名，似未见李保序者。而程百二又取保序冠于此书之前，标曰《题北山酒经后》，亦为乖误。卷末有袁宏道《觞政》十六则、王绩《醉乡记》一篇，盖胡之衍所附入。然古来著述，言酒事者多矣，附录一明人、一唐人，何所取义？今并刊除焉。